1969년 세병관 살풀이춤 초연 엄옥자

통영살풀이춤

|실전 입문|

박성호·변지연 지음

세종출판사

서문

봄의 꽃잎이 문을 두드리듯
4월을 눈앞에 두고 인생의 새로운 장을 펼쳐봅니다.

두려움 없이 춤을 시작했지만 지금 이 자리는
무겁고 두려움으로 가득합니다.

어머니의 춤은 양수 안의 아이들처럼 편안했지만
지금 저희들에게 위대한 역사의 춤이
거대한 산과 같이 버티고 있습니다.
세월이 흘러 어머니의 나이가 되었을 때,
이 거대한 산 정상에 다다를 수 있을지…
인간의 욕심인 것은 아닌지 자문해 봅니다.

세상에서 가장 아름다운 어머니이자 스승인
엄옥자선생님 곁을 묵묵히 지켜 왔습니다.
어떠한 욕심이나 욕망도 뒤로 한 채 춤을 추어 왔습니다.

바닷물이 함께 어깨를 걸고, 넘실넘실 파도를 이루는
통영에서의 유년시절.

어머니이신 엄옥자선생님은 춤에 매진하고, 또 매진하셨던 그 시절.
그 시절의 통영이 이제는 저희들에게는 시급하고
간절한 과제를 안겨주고 있습니다.
역사의 뒤안길에 숨겨져 있던 통영춤의 정체성을 찾는 작업,
남다른 소명감으로 「통영살풀이춤 실전 입문」을
세상에 알리는 일입니다.

인간의 육체, 자연스러운 육체의 호흡, 호흡에서 우러나오는
기운의 힘이 한데 어우러져 비로소 탄생한 춤,
고즈넉하고 끊어질 듯 이어지는 흐름에서
불꽃같은 열기가 느껴지는,
강하고 부드러움이 연결된 몸짓,
하늘과 땅의 기운이 절묘한 조화를 이루는
통영의 물빛 속에서 재조명된
엄옥자선생님의 통영살풀이춤.

그 누구도 함부로 가지지 못하는 그 춤이
저희에게 있어 위대한 유산입니다.
부단한 노력으로 시대의 모범이 되어 맥을 이어 나아가며,
전통의 재창조로 춤의 위상과 긍지를 높여
농익은 향기로 온 세상에 퍼져 나갈 수 있도록 걸음하겠습니다.

이 춤과 함께 부대끼며 지내왔던
통영살풀이춤 보존회 회원님들께,
특별한 인연으로 이 책 발간의 길잡이로 등불을 밝혀주신
김희복교수님께, 가는 길 외롭지 않도록 함께 자료수집과 원고를
정리해준 이민주선생에게.
저희들의 어머니. 스승이신
엄옥자선생님께

감사드립니다.
이 거대한 역사의 춤을 고귀하게 받아들이겠습니다.

2019년 2월

炅譚 박 성 호 · 明溦 변 지 연

엄옥자의 통영 살풀이춤

목차

Ⅰ. 살풀이춤의 특성과 류파 • 13
1. 살풀이춤의 어원과 유래 ·· 13
2. 살풀이춤의 류파 ··· 16

Ⅱ. 통영살풀이춤의 역사성과 전승 • 26
1. 역사성 ·· 26
2. 계보 ··· 30
3. 전승현황 ·· 37

Ⅲ. 통영살풀이춤의 형식 • 41
1. 춤구성 ·· 42
2. 춤사위 ·· 43
3. 춤장단 ·· 44
4. 무복 ··· 45

Ⅳ. 춤사위 도해 및 동작 해설 • 47
1. 도입 ··· 48
2. 전개 ··· 60
3. 마무리 ·· 98

Ⅴ. 통영살풀이춤의 미적 특성 • 101
1. 예술성 ·· 101
2. 학술성 ·· 105
3. 지역성 ·· 107

Ⅵ. 맺음말 • 111

보 록 • 115
참고문헌 • 138
부 록 • 142
   1. 엄옥자의 인적 · 경력사항 ·· 142
   2. 변지연의 인적 · 경력사항 ·· 163
   3. 통영살풀이춤보존회의 전승연혁 ·· 183

   • 원향춤보존회 회칙 ·· 186
   • 통영기방입춤, 통영살풀이춤보존회 정관 ······························ 190

I
살풀이춤의 특성과 류파

1. 살풀이춤의 어원과 유래

   살풀이춤이라는 말은 '살풀이'와 '춤'이라는 두 개의 단어가 결합된 복합어이며, 살풀이는 다시 '살'과 '풀이'라는 두개의 단일어가 결합된 복합어이다.[1] 따라서 살풀이춤의 어원을 살핌에 있어 살과 풀이와 춤의 어의(語義)를 살피는 일이 전제된다. 대체로 살풀이란 "무속(巫俗)에서 타고난 흉살을 예방하고 제거한다는 굿 혹은 음악장단의 한 가지를 뜻하며 푼다는(제거한다) 뜻"이 담겨져 있다.

   살풀이에서 '살'이란 타고난 흉살이나 재앙을 의미하기도 하지만 "사람이나 물건 등을 해치는 독하고 모진 기운, 곧 악귀의 짓"을 뜻하며 자신의 의지나 노력여하에 상관없이 나타나는 부정적 의미를 가진 운명적인 일을 말하기도 한다.

   사람은 누구나 즐겁고 행복한 삶을 영위하고자 한다. 그러나 이

---

[1] "살풀이", 「국어대사전」(서울 : 민중서관), 1972, 1477쪽.

러한 마음과는 다르게 뜻하지 않은 불행을 초래하는 경우가 있다. 이렇게 원치 않는 슬픔이나 불행의 원인으로 작용하는 것이 살이기 때문에 한국인의 신앙에서 '살'은 미리 예방되어야 하는 부분으로 살이 올 것을 미리 예방하는 것을 살을 푼다고 하여 '살풀이'라고 한다.

'풀이'란 말 그대로 맺힌 것을 푼다는 동사의 명사형이라 할 수 있다. 그러나 살풀이 또는 액풀이에서의 풀이는 "끼인 살을 풀고 맺힌 액(厄)을 풀어 버린다"는 뜻을 지닌다. 그리고 푼다는 말의 의미는 병세의 호전과도 관련이 있다. 우리나라 사람들은 대체로 병에 걸렸다가 회복되는 것을 '맺힌' 부분을 푼다는 의미의 풀이를 빌려 '풀린다'고 말할 때가 많기 때문이다. '몸살을 푼다', '담 걸린 것을 푼다', 해산할 때 '몸을 푼다'라든가, '멍든 것을 푼다' 등을 예로 들 수 있겠다. 또한 준비운동을 '몸을 푼다'라고 말하는 것, '피로를 푼다'라고 표현하는 것도 맺힌 것을 푼다는 의미로 생리적인 부분에서도 적용된다고 볼 수 있다.

이러한 풀이라는 말은 생리적인 현상에만 국한되지 않고, 심리적인 부분에까지 그 영향을 미친다. 흔히 이야기하는 한국인의 '한(恨)' 역시 마음에 맺힌 것을 전제로 하여 푼다는 표현을 한다. 이 때의 한이란 생리적인 현상과 같이 심리적으로 바람직하지 않은 것, 즉 심리적으로 건전하지 못하거나 병적인 상태로 인간의 아픈 마음을 말한다. 그러나 채희완은 풀이에는 이러한 기능보다도 더욱 실제적이고 현실적인 기능이 있다고 주장한다. 그것은 우리가 살아남기 위해서 운명적으로 타고난 흉살을 물리쳐야 하고 그러기 위해서는 무엇보다도 살이 끼게 된 요인을 정확히 파악하여 그것과 대결하면서 액을 물리쳐야 한다는 것이다.[2] 그는 살풀이의 과정을 현실 인식→현실 쟁투 → 현실 해소의 과정으로 요약하고, 살풀이란 살을 푸는 것을 의미하지만 그 풀이는 매우 복합적인 뜻을 나타낸다.

살풀이의 복합적인 의미를 전제로 할 때, 살풀이와 춤은 어떤 관계가 있을까? 옛날부터 살풀이의 주재자는 무인(巫人)이었다. 이 무인은 독하고 모진 기운을 물리치기 위해 악귀를 달래거나 귀신을 즐겁게 해주기 위한 수단으로서 혹은 '망아경(忘我境)'과 '황홀경(恍惚境)'의 세계로 몰입될 수 있는 수단으로 춤을 추었다. 따라서 살풀이춤은 살이나 액을 예방하기 위한 혹은 내린 살을 풀기 위한 살풀이 굿에서 나온 일종의 제의적(祭儀的) 의미를 가진 춤이었으며 접신(接神)을 하거나 오신(娛神)하려는 의도에서 추어진 춤으로 볼 때 굿에서 파생된 춤이라고 볼 수 있다. 한편 이러한 살풀이굿은 살풀이 장단으로 부르는 무가(巫歌)나 살풀이장단으로 연주하는 시나위에서 나온 것이며, 시나위란 시나오, 신아위, 신방곡 등으로 불리며 심방이 15세기 고어 및 제주도 방언으로 무(巫)라는 말로 쓰이므로 심방곡은 곧 무속음악(巫俗音樂)을 뜻한다.[3]

---

2) 이주연, "살풀이춤의 전승에 관한연구" (서울 : 숙명여자대학교, 2000), 6~8쪽, 재인용.
3) 위의 논문, 6~8쪽.

2. 살풀이춤의 류파

현재 살풀이춤은 다양한 류파로 나누어져 있으며, 각 류파는 지역적, 개인적 특성에 따라 독특한 성격을 지니고 있다. 국가지정 무형문화재로는 이매방류 살풀이춤과 김숙자류의 도살풀이춤, 시도(市道)지정종목으로는 최선의 호남지역 살풀이춤, 김란의 대전광역시 지정 살풀이춤, 경기지역의 한영숙류 살풀이춤, 권명화의 대구살풀이춤 등이 있다. 이러한 지방의 살풀이춤 발굴은 그동안 서울·경기·호남 등의 지역에서는 활발히 진행되어 시도지정무형문화재로 등재되어 전승되고 있으나 경남을 대표하는 살풀이춤의 발굴과 연구는 오랫동안 전승되어 왔음에도 불구하고 아직은 문화재로 등재되어 있지 못한 실정이다. 이 책에서는 경남지역에서 전승되어 온 엄옥자 '통영살풀이춤'의 특성과 그 문화재적 가치를 자리매김하기 위해 기존의 살풀이춤과 그 특성을 비교분석하고자 한다.

1) 이매방류 살풀이춤

이매방의 살풀이춤은 호남지방 무무(巫舞) 계통의 하나이나 종교성을 찾아보기는 어려운 고도로 다듬어진 전형적인 기방 예술을 기반으로 한 춤으로, 춤사위의 기교가 뛰어나며 춤사위가 원형 지향적으로 한과 멋, 흥을 위주로 하여 다른 춤보다 몸의 꼬임이 많은 것이 특징이다. 살풀이춤의 악기는 삼현육각으로 반주하고 장단은 처음에 살풀이장단으로 추다가 자진모리장단으로 몰아주었다가 다시 살풀이장단으로 끝을 맺는다. 다른 살풀이춤과 마찬가지로 맺고 풀어냄이 기본이 된다. 이매방류 살풀이춤의 특징은 사방춤인데, 한국무용 춤사위의 특징인 대삼 소삼의 구분이 분명하고 맺고 푸는데서 춤사위의 독특한 맛이 느껴지며 강렬한 힘이 표출되는 춤이라고 할 수 있다. 특히 이매방 살풀이춤의 수건 사용 동작에는 수건 날리기 그리고 수건 잡은 손을 얹는 사위가 있는 것이 특징으로 수건의 사용에 있어 기교적이며 매우 화려하다.[4]

2) 김숙자류 도살풀이춤

김숙자의 살풀이춤은 경기지역의 도당굿에서 파생된 것으로 그 기원을 무속에 두어 '도살풀이춤'이라고 한다. 도살풀이는 무속적인 민속무용의 한 분류로 '도당살풀이'를 줄여 도살풀이춤이라는 용어로 사용하게 되었다. 경기도당굿 12거리 중 마지막 절차에 해당하는 거리에서 굿의식을 다 끝낼 무렵 편하고 홀가분한 상태에서 뒤풀이 형식으로 마음껏 즐기며 추는 춤에서 비롯되었다. 다른 류파의 춤과는 달리 주로 굿판에서 춤이 추어지며 도살풀이 장단에 맞추어 흰 옷에 2m 가량 되는 흰 천을 들고 추는 것이 이 춤의

---

[4] 정영수, "이매방류 살풀이춤의 이매방류 살풀이춤의 보존 전승을 위한 무형문화재적 가치 연구" (서울 : 상명대학교, 2016), 24쪽.

특색이다. 도살풀이춤은 많은 기교가 필요하기 때문에 경기 무속 춤 중에서 가장 어려운 춤으로 여겨지며 흰 명주 수건의 사위가 일품인데 수건이 유난히 길어서 수건을 통해 뿜어내는 곡선 기교의 아름다움이 예술적 미를 한층 들어내며 우리 춤의 멋을 더 돋보이게 하는 춤이다.[5]

도살풀이춤의 특징은 목젖놀이, 긴 수건, 정지한 듯 보이는 춤동작이다. 먼저, 목젖놀이의 경우 춤꾼은 소리꾼이 소리를 하는 도중에 발림을 하듯 고개를 끄덕이는 대목으로 도살풀이춤에만 있는 특징이다. 둘째, 다른 살풀이춤 류파의 수건과는 다른 2m 정도의 긴 수건을 사용하여 수건놀이의 형태가 매우 다양하며 수건의 놀림이 곡선적인 형태를 많이 지니고 있다. 셋째, 제자리에 정지하는 듯 보이는 춤동작이 많다.

우리 전통춤이 그러하듯 도살풀이춤도 역시 어르고 푸는 동작이 반복적으로 나오고, 발동작은 깊은 무게감이 있어 들어올리기 전에 떠오르는 힘이 있으며, 팔사위와 수건놀림 또한 놀이판의 신명나는 흥겨움이 아니라 마치 제단 앞에 나선 사제나 제사장처럼 엄숙한 신명이 있다. 도살풀이춤의 장단은 2분박의 보통 빠른 6박자로 경기도 남부지방의 무가에 쓰이는 장단으로 지금의 서양 음악식으로 표기하면 4분의 6박자가 된다.[6]

---

[5] 위의 논문, 22~23쪽.
[6] 위의 논문, 22~23쪽.

3) 한영숙류 살풀이춤

　궁중무용의 영향을 많이 받은 한영숙류 살풀이춤은 비교적 일정한 형식과 섬세한 면을 갖추고 있으며 한성준의 영향을 받아 호흡이 복잡하지 않고 단순하며 중부지역 사람다운 차분한 기질이 많이 내포된 춤으로 곱고 우아하며 감정과 호흡을 최대한 억제시킨 춤이라고 볼 수 있다.
　춤의 구성은 도입부, 연결부, 종결부의 3부분으로 구분되어 있는데 도입부에서 주로 수건을 양손으로 잡고 제자리에서 추는 춤이 많아 구심적인 긴장상태로 끌어가는 정적인 춤이 주를 이루는데 이는 인생의 회상을 의미하는 내용이다. 중간부에서는 내면과 외면의 복합적인 성격을 가지며 도입부에 비해 상당히 동적이고 움직임이 다양하게 나타난다. 수건을 다양하게 자유자재로 뿌리고 옮기며 다양한 동작이 주를 이루며 춤추는 사람의 감정을 인생의 희로애락을 말하듯 적극적으로 표현하는 부분이다. 종결부는 수건을 떨어뜨렸다가 다시 주워 올리며 체념, 인간의 무력함에 대한 인식, 삶으로의 회귀, 가슴에 맺힌 한(恨)을 정화하여 승화시켜 나가는 내용으로 구성된다. 한영숙류 살풀이춤에서 쓰이는 장단은 무속의 시나위 장단이고, 느린 살풀이장단으로 천천히 시작하여 추다가 자진살풀이로 몰아 추어 마지막에는 다시 느린 살풀이장단으로 춤을 맺는다. 세련된 고급스러움과 담백한 여성미의 아름다움이 조화 있게 어우러진 춤이다.[7]

4) 최선류 살풀이춤

호남지역의 전통춤을 크게 보아 3가지로 나눌 수 있는데, 무속이나 불교의식, 장례의식으로부터 파생된 종교적인 춤, 농악·소리춤·모방춤 같은 민속춤, 살풀이춤·승무·용두춤과 같은 기방춤으로 분류할 수 있다. 소리춤의 잔존 예로 익산시의 지게목발춤이나 불교의식춤인 본서사영산작법 농악춤이 전승되고 있었으나 전북 무대무용의 뿌리는 대부분 기방춤이 주류를 이루고 있다.[8]

최선의 호남살풀이춤의 뿌리는 권번의 기생무라고 할 수 있는데 국악에 타고난 재능을 보인 어머니로부터 어린 시절 흥타령이나 진도아리랑 등 민속춤을 전수받았다. 그 후 정동권번에서 추월 선생에게 고도의 기방춤을 전수받음으로써 춤을 다지기 시작했다.

최선의 호남살풀이춤은 한(恨)이 짙게 깔린 춤으로 다른 류파의 춤과는 달리 봉황이 그려진 꽃돗자리 위에서 추며 의상은 흰색바지·저고리·두루마기를 입고 풀잎으로 엮은 초립을 쓰고 춤을 춘다. 음악 편성의 경우 일반적으로 시나위계의 살풀이춤은 삼현육각의 반주음악을 사용하지만, 최선의 호남살풀이춤은 구음과 장구, 징이 들어가며 자진살풀이장단에서는 꽹과리도 참여하는 독특한 구성을 가지고 있다.

최선 살풀이춤의 특징은 톡특한 춤사위와 맺고 풀고 어르는 어

---

7) 위의 논문, 23~24쪽.
8) 김미선, "호남 춤 명인 최선의 생애사 연구" (서울 : 중앙대학교, 2015), 8쪽.

깨춤과 고요히 정지되어 있는 듯 평온해 보이지만 내면에는 수많은 움직임과 호흡이 음양의 활동으로 표현된다. 이러한 호흡법은 깊이 가라앉는 호흡으로 한을 짙게 깔아 담아내는 것이 특징이다. 또한 춤의 뿌리는 권번 기생으로부터 사사 받은 것으로 여성적인 부드러운 곡선과 섬세한 면이 많다.9)

5) 김란류 살풀이춤

김란 살풀이춤은 시대적인 변화와 지역적 춤의 특색을 고려하여 새롭게 대두되고 있는 춤으로 대전광역시에서 2012년 5월 18일에 무형문화재로 지정받았다. 김란은 스승 김덕순, 김숙자에게 배운 춤사위를 바탕으로 1960년대부터 시작한 전통무용 공연을 통해 대전지역의 지역성을 알리고 춤문화를 전파시킨 장본인이다.

김란 살풀이춤에 나타난 대표적 특징은 첫째, 지역적 배경을 통해 향토적인 특색과 토속적인 춤을 내재시킨 춤사위로, 수건을 바닥에 떨어뜨리는 춤사위가 삽입되어 있지 않으며 호흡과 동작에 맺고 끊음이 정확하게 나타나 있다.

둘째, 다른 살풀이춤에 비해 엇박의 춤사위들이 많고 기교적인 동작보다는 수건의 뿌림이 담백하며 차갑고 세련된 분위기를 가지고 있다.

---

9) 위의 논문, 8쪽.

셋째, 음악은 삼현육각의 반주로 편성되어 있으며 때에 따라 내적인 감성을 다르게 나타내어 추는 사람에 따라 자유로운 표현을 할 수 있다. 따라서 동작마다 같은 춤사위라도 보는 시선 또는 몸의 방향에 따라 의미가 다르게 표현되며 수건의 움직임 또한 다채롭다.

김란의 살풀이춤은 액을 풀거나 살을 푼다는 의미로 무속춤의 느낌이 아닌 충청도 여인으로서의 한과 멋이 담긴 춤사위를 대전 지역만의 특색과 자연을 나타내는 표현을 춤으로 표현한다.[10]

6) 권명화류 살풀이춤

권명화의 살풀이춤은 박지홍의 남도 춤가락을 바탕으로 하여 영남 무무를 접목시킨 것으로 춤사위에 기교가 많으며 투박하고 직선적인 동작들이 많다. 또한 움직임이 시원스럽고 팔동작들은 대체로 크고 높으며 상체는 허리를 반듯이 세우고 오금을 많이 죽인다. 발 디딤새는 크고 잔가락이 별로 없으며 앞꿈치로 추지 않고 주로 뒷꿈치를 굴리면서 추지만 장단에 따라 자진박으로 동작을 크게 푸는 선도 있다.

춤사위 중 가장 두드러진 특징은 다른 살풀이춤에서 보이지 않는 고풀이와 연풍대가 행해진다는 것이다. 고풀이와 연풍대는 수

---

[10] 김선희, "대전광역시 무형문화재 제20호 김란 살풀이춤의 특성 고찰"(서울: 중앙대학교, 2018), 66~67쪽.

건으로 고를 맺었다가 풀어주는 동작으로 무속에서 유래하여 여인들의 한과 살을 풀어주는 의미를 갖고 있다.

권명화 살풀이춤의 장단은 시나위장단을 기본으로 사용하지만 정박에 가까운 엇박을 사용하여 장단마다 정박에 매듭을 짓는 경상도 특유의 딱딱하면서 투박한 형식이 많이 사용된다. 권명화 살풀이춤의 장단 구성은 느린 굿거리 135장단으로 시작하여 자진 굿거리 80장단과 다시 느린 굿거리 4장단으로 끝을 맺으며 전체 연희 시간은 15분 가량이다.

권명화 살풀이춤의 독창적인 면은 다른 춤에서 보이지 않는 고풀이와 연풍대 동작을 통해서 여인의 '한' 맺힘과 풀림을 형상화하는 것이다. 권명화 살풀이춤의 장단과 춤가락, 춤 맵시는 옛 모습 그대로를 보존하고 있으며 춤사위 또한 전통적인 춤 위주로 구성되어 있다. 그러나 수건을 들고 구음장단에 맞춰서 춤을 추며 흥과 멋, 연희 시간을 조율하는 즉흥성과 특히 춤꾼의 즉흥감의 절정에서 빚어내는 엇박의 춤사위는 파격적인 동작으로서 살풀이춤이 갖는 역동성을 더해 준다. 또한 권명화 살풀이춤에서는 영남 지역의 춤에서 포착되는 질박미의 투박함이 농축되어 있다.[11]

---

11) 김순주, "권명화 살풀이춤에 관한 고찰"(대구 : 계명대학교, 2000), 55~56쪽.

표 1. 살풀이춤의 류파별 특징

류파	명칭	지역	기원	춤사위 특징
이매방류	살풀이춤	호남	기방예술	- 춤사위의 기교가 뛰어나며 다른 춤보다 몸의 꼬임이 많음 - 사방춤이라는 춤사위의 사용으로 대삼 소삼의 구분이 분명함
김숙자류	도살풀이춤	경기	무속, 경기 지역의 도당굿에서 파생	- 목젖놀이, 다양한 수건놀이 형태 - 놀이판의 신명나는 흥겨움이 아니라 마치 제단 앞에 나선 사제나 제사장처럼 엄숙한 신명이 있음
한영숙류	살풀이춤	경기	궁중무용의 영향	- 비교적 일정한 형식과 섬세한 면을 갖추고 있으며 한성준의 영향을 받아 호흡이 복잡하지 않고 단순함
최선류	살풀이춤	호남	권번의 기생무	- 고요히 정지되어 있는 듯 평온해 보이지만 내면에는 수많은 움직임과 호흡이 음양의 활동으로 표현
김란류	살풀이춤	대전	기방예술	- 수건을 바닥에 떨어뜨리는 춤사위가 삽입되어 있지 않으며 호흡과 동작에 맺고 끊음이 정확하게 나타남
권명화류	살풀이춤	대구	박지홍의 남도 춤가락과 영남 무무	- 기교가 많으면서 투박하고 직선적인 동작들이 많아 시원함 - 다른 살풀이춤에서 보이지 않는 고풀이와 연풍대가 있음

음악	기타 특징
삼현육각으로 반주 장단은 처음 살풀이장단에서 자진모리로 몰아주었다가 다시 살풀이장단으로 끝을 맺음	수건의 사용에 있어 기교적이며 매우 화려함
경기지역의 도당굿에서 파생 장단은 2분박의 보통 빠른 6박자로 경기도 남부지방의 무가에 쓰이며 지금의 서양 음악 식으로 표기하면 4분의 6박자가 됨	주로 굿판에서 춤이 추어지며 도살풀이 곡에 맞추어 흰 옷에 2m 가량 되는 흰 천을 들고 춤을 춤
무속의 시나위 장단, 느린 살풀이장단으로 천천히 시작하여 추다가 자진 살풀이로 몰아 추어 마지막에는 다시 느린 살풀이장단으로 춤을 맺음	중부지역 사람다운 차분한 기질이 많이 내포된 춤으로 감정과 호흡을 최대한 억제시킨 춤
구음과 장구, 징이 들어가며 자진살풀이장단에서는 쨍과리도 참여하는 독특한 구성	봉황이 그려진 꽃돗자리 위에서 추며 의상은 흰색바지·저고리·두루마기를 입고 풀잎으로 엮은 초립을 쓰고 춤을 춤
삼현육각의 반주로 편성되어 있으며 때에 따라 감정을 표현하는 과정에 있어 마음의 변화를 갖음	무속춤의 느낌이 아닌 충청도 여인네로서의 한과 멋이 담긴 춤사위
시나위 장단을 기본으로 하나 정박에 가까운 엇박의 장단을 사용하고 장단마다 정박에 매듭을 짓는 경상도 특유의 딱딱하면서 투박한 장단의 형식이 많이 사용됨	영남 지역의 춤에서 포착되는 질박미의 투박함이 나타남

II
통영살풀이춤의 역사성과 전승

1. 역사성

1) 전승 기간

통영살품이춤이 언제부터 시작되었는지 정확한 연대는 알 수 없으나 그 직접적인 전승계보로 추적할 때 100여 년 이상 전승되어 왔다고 할 수 있다.

통영에는 조선시대 삼도수군 통제영이 설치되었고 통제영 소속 교방청이 존재했다. 통제영 폐영과 함께 교방청 또한 폐쇄되면서 당시에 활동했던 인물들이 자연스레 통영 권번(기방)으로 그 활동무대를 옮기게 되었다. 통영 권번은 마지막 예기조합장 이갑조(1901~1974)가 작고함에 따라 1974년 완전히 사라졌지만, 이미 1960년대에 유명무실해졌다. 마지막까지 있었던 예기들은 마산, 부산 등지로 이주하게 되었다. 즉, 통영 권번을 통해 전승되어온 여러 예술들이 더 이상 전승되지 못했던 것이다. 다행히 통영 권번의 북춤

(鼓舞)과 칼춤(劍舞)은 '승전무'라는 이름으로 국가지정무형문화재가 되면서 오늘날에 이르고 있다.

통영 교방청의 폐청과 권번의 탄생, 이 시기 활동했던 인물이 김해근(1847~미상)이다. 김해근은 통제사 앞에서 춤을 추었다고 전해질 만큼 춤재주가 뛰어났다고 한다. 김해근에게서 춤을 배운 인물이 바로 국가지정무형문화재 '승전무' 초대 예능보유자였던 정순남(1906~1987)이다. 정순남은 13세 때(1918년경) 당시 춤을 배우기 시작하여 35세(1940년경)까지 춤을 추었다. 정순남의 춤은 1960년대 후반부터 70년대 초반의 기간 동안 현재 승전무의 예능보유자 엄옥자에게(1943~) 전승된다. 이 때의 춤은 '승전무'라 불리는 북춤과 칼춤 뿐 아니라 통영 권번 예기들의 기본춤인 입춤, 그리고 수건춤(살풀이춤) 등이었다. 그러나 문화재로 지정된 북춤이나 칼춤과 달리 입춤과 수건춤(살풀이춤)은 지정문화재로서 전수교육의 대상이 되지 못하였다. 그래서 이 춤들은 '승전무보존회'가 아닌 엄옥자 개인을 통하여 전수되고 있다. 지금까지는 '원향살풀이춤'으로 추어졌던 것이 실상은 바로 정순남에게서 배운 '수건춤(살풀이)'을 모태로 하는 것이다. 엄옥자의 춤은 1987년 이후 현재 통영살풀이춤보존회장인 변지연(1968~)으로 이어지고 있다. 통영살풀이춤은 마지막 통영 교방청 출신 김해근, 통영 권번의 예기 출신 이국희, 정순남, 국가지정무형문화재 승전무 보유자 엄옥자, 그리고 현재 변지연으로 전승되어 왔으며 이러한 전승계보로만 추적하여도 통영 살풀이춤은 100여 년 이상 전승되어 왔다고 할 수 있다.

2) 지속성

통영살풀이춤은 통영의 교방 출신인 김해근과 이국희(정순남의 선배)로부터 정순남에게로 전해졌고, 다시 이국희, 정순남으로부터 엄옥자, 엄옥자로부터 변지연으로 전승되어 오고 있다.

정순남은 13세 때(1918년경) 당시 교방에서 춤을 배우기 시작하여 35세(1940년경)까지 춤을 추었다. 엄옥자는 속세에 숨어 살던 정순남을 설득하여 1966년부터 1971년까지 장단, 창, 춤을 사사받았다. 특히 승전무 무보 작성을 위해 6개월간 정순남과 한집에서 지내며 장구 장단, 창, 춤(입춤, 승전무, 굿거리춤, 수건춤(살풀이춤)등)을 전수 받았다. 이 과정에서 엄옥자는 1969년 통영 세병관에서 살풀이춤을 초연하기도 하였다. 이후 엄옥자는 1960년대 김백봉, 1970년대 이매방 선생에게 작품을 사사 받아 공연하였으며, 1980년대 한영숙 선생에게, 1987년 김숙자 선생에게, 이후 각 류파의 살풀이춤을 사사받았다. 그러므로 통영살풀이춤은 정순남의 지역 형태적인 것을 토대로 엄옥자의 전문 예인적인 기량이 합쳐지며 오늘날에 이르고 있는 것이다. 정형화되지 않고 다소 가변성 있는 정순남의 수건춤(살풀이춤)이 엄옥자에 의해 정형화되고, 무대화되었으며 이것이 오늘날 전승되고 있는 '통영살풀이춤'인 것이다. 특히나 여러 지역 또는 류파의 살풀이를 섭렵하면서, 더욱 '통영다운 춤'의 요체를 살리는 것이 최대의 화두였다.

3) 역사적 근거

통영 통제영의 교방청, 통영 권번의 존재 등에 대해서는 역사적 기록을 찾을 수 있다. 하지만 보다 필요한, 그 곳에서 어떤 예술·연희들이 연행되었는지에 대한 기록은 없다. 심지어 근대인 통영 권번의 기록 또한 별반 남아있지 않다. 가끔 1920~30년대 신문에서 기생들의 선행(수재의연금 기탁, 만세운동 주도)에 대한 기사 정도만 있을 뿐이다. 전적으로 권번에 대한 세부 내용은 구전에 의해서만 전해질 뿐이다.

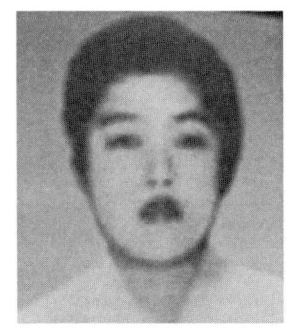

이국희

통영 교방청과 권번의 문화예술 중 하나였던 통영살풀이춤에 대한 역사적 기록자료 또한 전무하다고 할 수 있다. 김해근이라는 인물은 정순남에 의해서 증언되는 인물이다. 이국희(본명은 李小先)는 1919년 4월 2일 통영에서 3천명을 이끌고 독립만세를 외쳤고 시위주동 혐의로 6개월형을 선고받고 고통스러운 수감생활을 했다.(SBS(2015), 3.1절 특집 다큐멘터리) 기생 이국희는 2008년 뒤늦게나마 독립유공자로 인정받아 대통령 표창과 훈장을 받았다. 정순남은 "이국희 할머니한테 배웠다. 이국희 할머니는 우리보다 춤을 잘췄다. 후배들을 지도하면서 승전무를 췄고 기녀 중에서 가장 으뜸가는 기녀였다"고 하였다. 그나마 정순남의 경우 1968년 엄옥

정순남

엄옥자

자에 의해서 승전무 발굴 과정의 주요 제보자가 되고, 이내 국가지정무형문화재 '승전무'의 초대 보유자가 된다. 다행히 이국희와 정순남으로부터 실제 춤을 배우고, 그들로부터 다양한 권번 예술들에 대한 현지조사와 연구를 했던 엄옥자가 생존하며, 활동하고 있으므로 이 부분에 대한 부족함을 일정 부분 해소하고 있다.

2. 계보

통영살풀이춤의 전승 계보는 다음의 그림1과 같다.

통영살풀이춤은 통영의 교방 출신인 김해근(1847~미상, 정순남의 스승, 정순남이 첫 권번에 들어갔던 13세 때 회갑 나이)과 이국희(1900~미상)로부터 정순남(1906년~1987년)에게로 전해졌고, 다시 이국희, 정순남으로부터 엄옥자((1943년~), 11세 때 이국희에게 굿거리춤 사사, 1966년부터 정순남에게 수건춤(살풀이춤) 사사), 엄옥자로부터 변지연(1968년~)에게 사사 전수되어진 역사성을 지니고 있다.

현재 통영살풀이춤을 전승하고 있는 주요 전승자는 엄옥자와 그의 딸이자 제자인 변지연이다.

엄옥자는 이미 우리나라 춤의 명인으로서 춤의 계보가 확실하다. 한의사이자 풍류객으로서 장단도 잘 치고 뛰어난 시조창에, 춤까지 잘 추신 아버지가 즐겨 다닌 통영 기방에서 아름다운 기녀의 춤을 보며 여섯 살부터 춤에 빠져들기 시작하였다.

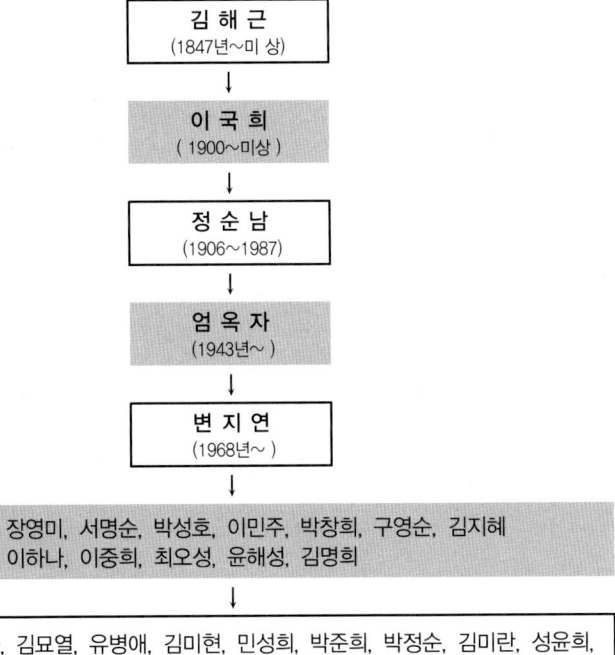

그림 1. 통영살풀이춤 전승계보

　어머니도 춤을 좋아하여 춤을 배우고 싶다는 어린 딸을 통영의 명인에게 보내어 춤을 배우도록 하였으니, 엄옥자는 어린 나이 때부터 무의식적으로 전통춤을 배운 것이다. 11세 때, 김해근으로부터 춤을 전수받은 제자 이국희의 무릎에서 재주 있다고 칭찬받으면서 춤사위를 읽힌 꾸미지 않은 원형 그대로의 굿거리춤을 배웠다.

　엄옥자는 대학과 대학원을 다니던 6년 동안 김백봉 선생으로부터 정확하며 정통적으로 춤을 전수받았다. 월북 무용수 최승희의

정순남과 노래하는 엄옥자

으뜸제자이자 동서인 김백봉 선생이 제자인 엄옥자를 일컬어 청출어람(青出於藍)이라 표현했을 정도로 엄옥자의 기량은 뛰어났으며, 스승의 가르침 덕으로 내면적 초월과 자유를 추구하는 도가적인 춤이라는 평을 들을 수 있었다고 고마움을 표한다.

통영여고 교사로 재직할 당시, 통영여고 이민기 교감과 경남여고 유치환교장께서 통영의 춤을 계승해야 한다는 취지에서 승전무 발굴을 강조하였다. 이에 엄옥자는 그 계보를 알아보던 중 김태현 할아버지를 통해 통영의 마지막 기생인 정순남 할머니를 만나게 되고, 1966년 정순남을 통해 승전무의 북춤을 발굴하고 공연하였으며, 이어 칼춤을 재현하였다. 1968년 승전무 발굴을 끝내며 인간문화재로 인정을 받았으나 당시 법규에 따라 나이가 어려 승전무 인간문화재로서의 자격이 해제 되었다가 그 후 1996년에 예능보유자로 재인정을 받았다. 1969년 노기 정순남 할머니를 부산 자택으로 모셔와 전수를 받는 도중 많은 대화를 통해 당시 통영 가무악의 사정을 전해 듣고 입춤과 수건춤의 형태인 살풀이춤을 전수받았으며, 통영으로 들어가 살풀이춤을 발굴하여 문화재를 만들겠다는 약속을 했다.

엄옥자는 1970년대 이매방 선생에게 작품을 사사받아 공연하였으며, 1980년대 한영숙 선생에게, 1987년 김숙자 선생에게, 이후 각 류파의 살풀이춤을 사사받으며, 통영살풀이춤의 예술성을 높이고, 이를 전국적·세계적으로 알리는 데 주력하였다. 하지만 국립부산대학교 교수로서의 생활로 인하여 통영으로 돌아가지 못하게 되자 이를 아쉬워하며 통영살풀이춤에 대한 구체적인 전승, 보급을 시작하여 변지연을 중심으로 제자 양성에 나섰다.

통영살풀이춤은 정순남춤의 지역형태적인 것을 토대로 엄옥자의 전문 예인적인 기량이 합해져 형성되었으며, 궁중교방적인 춤의 성격과 영남적, 경남적, 남해안 통영적인 향토성이 교차되었음을 어렵지 않게 이해할 수 있다.

변지연은 부산대학교에서 무용을 전공하여 1987년 엄옥자선생을 통해 통영살풀이춤과 승전무를 사사받았으며 1989년 정재만 선생에게 승무·살풀이·태평무를, 1992년 김숙자선생으로부터 도살풀이춤을 사사받았다. 또한 1994년 김백봉선생으로부터 산조, 부채

엄옥자의 통영살풀이춤

춤, 보살춤을 사사받으며 전통춤의 예술적 역량을 키워나갔다.

변지연은 1987년 통영살풀이춤을 사사받은 이후 교육현장과 공연현장을 넘나들며 춤을 보급하고 전수하며 엄옥자와 함께 현재까지 통영살풀이춤의 연구를 지속하였으며, 2000년 「전국전통예술경연대회」에서 대통령상을 수상하며 한국의 춤꾼으로서 입지를 다졌다. 변지연은 통영살풀이춤에 대한 연구와 공연, 수련회(1993년~현재), 보존회를 통하여 춤을 갈고 닦아 왔다. 스승 엄옥자의 약동적인 면을 생동감 있게 잘 여며내어 춤의 전반적인 기량을 스승으로부터 인정받기에 이른다. 변지연이 추는 통영살풀이춤의 춤사위는 섬세하고 고고한 기품을 자아내며, 멋스러운 춤태를 지니고 있다는 평가를 받고 있다. 영남지역에서의 통영살풀이춤, 칼춤, 북춤의 보급을 강구하며 열의 있는 제자들과 함께 부산을 중심으로 무용연구회(연무회; 1985년 결성. 부산대학교 사범대학을 중심으로 무용을 연구하는 단체)를 결성하여 연희와 연구를 게을리하지 않았다.

현재 통영살풀이춤은 연행적 채비의 문제에 있어서 일정한 틀을 갖추지 않은 채 여러 가지 상황을 겪었고. 새로운 것이 들어오고 나가면서 변화되어 지금의 형태를 갖추었기에, 이제 더 이상의 변이 과정을 겪지 않도록 문화재로 확정지어질 필요성이 있다. 따라서 통영살풀이춤은 기방문화를 잇는 계보를 지니고 지역적 정서가 융합된 토속성 짙은 춤으로 높은 완성도를 가졌기에 문화재 종목 지정과 보유자 인정을 받기에 충분하다고 본다.

변지연의 통영살풀이춤

3. 전승현황

1) 통영살풀이춤의 전수교육 실태

현재 통영살풀이춤은 '원향춤보존회'에서 전승을 담당하고 있으며, 여기서 전승은 공연과 전수교육을 의미한다. 원향춤보존회는 1992년에 개회하였고, 2010년도에는 정식으로 통영기방입춤, 통영살풀이춤 보존회로 결성하였다. 전수교육은 정기적으로 원향춤보존회에서 매주 1회, 통영기방입춤, 통영살풀이춤보존회에서 매월 3회로 통영본부와 부산을 오가며 실시하고 있으며 원향춤보존회에서 개최하는 동계, 하계(매년 2회) 수련회를 통해 전승되어 오고 있다.

전수교육생으로는 김정희, 장영미, 서명순, 박성호, 이민주, 박창희, 구영순, 김지혜, 최영희, 김형숙, 김묘열, 유병애, 김미현, 민성희 등 30명의 전수교육생과 그 외 회원으로 총 50여 명이다. 음악부분에 있어서도 장단은 최오성, 피리와 태평소는 진형준, 대금은 이중희, 해금은 윤해성, 거문고는 김명희, 구음은 이하나로 구성되어 있다.

통영살풀이춤 전수교육

통영살풀이춤은 지금까지 다양한 공간과 기회를 활용하여 전수교육을 실시해 오고 있다. 우선 1995년부터 엄옥자 개인이 운영하는 무용단체인 연무회, 엄옥자한국민속무용단 등을 통해 통영살풀이춤을 교육하였다. 2006년부터 오늘에 이르기까지 부산대학교 평생교육원에서 이 춤을 전수교육하고 있으며, 현재까지 교육받은 사람은 약 150여 명에 이른다. 이들 모두를 합치면 지금 약 300여 명이 이 춤의 전수교육을 받아오고 있다.

2) 통영살풀이춤의 사회적 관심 및 수요현황

통영살풀이춤은 이미 '원향살풀이춤'이라는 이름으로 엄옥자와 그의 제자들의 공연에 정식 레퍼토리로 공연되어 왔다. 1969년에 초연된 이후 한국은 물론 전 세계 30여 개국에서 150여회 공연되었다. 국내에서는 1992년 서울 '예술의 전당'에서 열린 김수악 국악 60주년 기념출판회, 대한민국을 대표하는 명무전, 김대중 대통령 취임식 축하공연과 같은 대표적인 공연을 포함하여 통영살풀이춤 공연은 100여회를 훌쩍 넘어서고 있다. 이미 춤을 본 사람들로부터는 그 역사성과 지역성과 예술성을 인정받은 바 있다. 특히 2005년 8월 미국 무대에서는 전 좌석이 매진되었으며 한국교민보다 더 많이 모인 외국인 관객들은 「Los Angeles Time」에 '비단소매에서 솟구치는 혼'으로 표현되어 미국 전 지역에 사진과 함께 알려지기도 하였다. 통영을 넘어서서 부산·경남의 지역민들은 본인 고장에서 나고 자란 살풀이춤에 대해 높은 관심을 보이며, 아울러 살풀이춤 문화에 대한 자긍심을 가지고 있다.

통영살풀이춤에 대한 관심은 단순히 관객의 입장에서만 보이는 것이 아니라 실제 그 춤을 전수받고자 하는 적극적인 모습으로도 나타난다. 한국무용을 전공하고자 하는 청소년부터, 대학에서 무용을 전공하는 학생, 다른 춤을 이수받았으나 통영살풀이를 배우고자 하는 무용인 등 전문 무용인의 범주에 속한 이들도 앞서 밝힌 바대로 전수교육을 받고 있다. 무용 전공은 아니지만, 통영살풀이춤에 매료되어 전수교육을 받는 일반인들도 있다. 국가나 시도의 문화재로 지정되지 않았음에도 이미 300여 명의 전수생들이 교육을 받았다는 것은 곧 통영살풀이춤에 대한 사회적 관심이 높고, 그에 대한 수요 또한 높음을 반증한다고 할 수 있다.

3) 전승 시설 및 보유 장비 현황

통영살풀이춤의 전승공간은 그 본부가 통영에 있으며, 부산에 지부를 두고 있다. 통영보다는 부산에서 활동하는 전수자들이 많기 때문에 편의상 두 곳에서 전수교육이 이루어지고 있다. 본부는 경상남도 통영시 도천동 33-34번지에 위치해 있으며, 약 30여 평의 공간이다. 부산지부는 부산광역시 금정구 금샘로 361으로 면적 70평 정도의 규모이다. 보유장비로는 통영살풀이춤 의상 30여벌과 살풀이춤 수건 40개, 장신구 나무비녀 40개, 음악에 필요한 장구 10

개, 징 2개, 북 6개, 그 밖의 다른 악기는 개인이 별도로 보관하고 있다.

4) 전승단체 활동

현재 전승교육을 담당하는 저자는 조직으로 결성된 원향춤보존회와 통영기방입춤, 통영살풀이춤보존회, 부산대학교 평생교육원, 지속적인 전승교육과 동계·하계 원향춤수련회를 통해 더 많은 후학들을 양성하고 있다. 아울러 공연예술을 통하여 지역문화에 맞는 맞춤형 공연을 활성화하고 홍보 및 운영체계 구축을 위해 최선을 다하고 있다. 통영살풀이춤의 올바른 계승과 원형보존 및 전승·발전을 연구하고 보존하는데 최선을 다하기 위해 춤과 악을 중심으로 전통예술자료집을 발간하고 지역의 전통예술 디지털 아카이브를 활성화하기 위한 구체적인 계획도 추진 중이다. 전통예술의 원형을 함께 공유하고 연구하여 공적으로 나누는 것이 올바른 계승의 출발점이자 지금 시대에 정통성을 강화하는 방법임을 깊이 새겨 경남지역의 모든 지식인들과 통영살풀이춤의 민속적 가치를 공유하고 지역의 문화 고양에 시너지 효과를 낼 수 있는 네트워크 구축에도 열정을 쏟고 있다.

이러한 노력을 바탕으로 통영살풀이춤은 영남지역, 특히 경남의 춤으로 정체성을 확립하였고, 탄탄한 전승력을 토대로 당대뿐 아니라 경남의 고유춤으로서 보존되고 계승, 발전될 것이다.

Ⅲ
통영살풀이춤의 형식

통영살풀이춤은 통영 특유의 무무(巫舞) 형식을 지니고 있으며, 통영춤의 기교와 예술적 기량을 함유한 뛰어난 춤이다. 흰 치마와 저고리에 나무비녀를 착용하고 한자 반 정도의 긴 명주 수건을 들고 자신의 정서과 호흡을 자유롭게 풀어내는 엄옥자의 통영살풀이춤은 독특한 감정과 색채로 더없이 아름다운 춤태를 보여주고 있다.

엄옥자의 통영살풀이춤

1. 춤구성

통영살풀이춤의 구성은 통영지역의 특성을 잘 나타내는 선과 방향을 표현하고 춤사위의 조형미, 담백미, 지역적 춤사위특성을 고루 갖추고 있다.

춤은 굿거리장단에서 구음과 거문고 반주로 시작하여 염들이기, 훗날리기, 옥은겨드랑사위, 어깨매는사위, 소용돌이, 날아돋음사위로 시작된다. 이후 피리반주로 변형이 되면서 엎고 젖히기, 머리위 배김사위, 물결칭칭사위, 머리위 돌림사위, 바람사위, 어깨매고 짖음사위, 지게어름사위, 사방치기, 번개사위, 굼실굼실물결사위, 넋드림, 염원, 흘림사위로 이어진다. 자진모리장단에서는 태평소 반주가 곁들어지면서 맷돌사위, 대머리 대퇴머리, 맴맴돌림사위, 갈매기사위, 바람막음새, 회오리바람사위로 전개부가 마무리된다. 다시 굿거리장단으로 전개 되면서 구음과 거문고반주에 맞추어 길닦음으로 모든 춤이 끝난다.

위에서 보다시피 통영살풀이춤은 무심한 듯 바닥으로 수건을 툭 던지는가 하면 땅바닥에 엎드려 몸짓하고, 어느 새 겨드랑 사위로 세련된 몸짓을 보여준다.

2. 춤사위

통영살풀이춤의 춤사위12)는 염들이기, 훗날리기, 옥은 겨드랑사위, 어깨매는사위, 소용돌이, 날아돋음사위, 엎고 젖히기, 머리위 배김사위, 물결칭칭사위, 머리위 돌림사위, 바람사위, 어깨매고 짖음사위, 지게어름사위, 사방치기, 번개사위, 굼실굼실물결사위, 넋드림, 염원, 흘림사위, 맷돌사위, 대머리 대퇴머리, 맴맴돌림사위, 바람막음새 등이 있다.

이러한 춤사위는 남해안의 통영적 특성인 깊고 거친 호흡을 바탕으로 이루어진다. 이러한 춤사위는 가벼운 수건 한 장으로 한을 풀어내며 신명으로 이끌어 가는 과정에서 발쪽으로 무겁게 툭 떨어지는 호흡, 가볍게 떨어지다가 멈추는가 하면 다시 강하게 툭 떨어지는(옥은 겨드랑사위, 흘림사위, 머리위 배김사위, 날아오름사위) 영남(통영) 춤의 특징을 가지고 있다. 또한 중력에 반하여 떠올리는 발디딤이 무거워 춤이 깊어지고 거칠고, 투박한 어깨짓에 따라 춤을 맺고 멈추고 풀어(번개사위, 사방치기, 소용돌이, 맷돌사위, 갈매기사위, 바람막음새) 남해안의 해학적 한이 녹아내리는 과정을 표현한다. 춤사위에서 분출하는 강력한 힘의 균형과 조화로 통영춤의 근원적 원형을 보여준다.

---

12) 정순남선생님은 춤사위를 항상 '춤사오'라고 표현하였다.

3. 춤장단

　통영살풀이춤의 음악은 살풀이장단, 자진모리장단으로 구성되어 있다. 살풀이춤이 한을 기반으로 하여 샤머니즘의 특징을 보이는 것과 같이 이번 통영살풀이춤 음악은 무가에서 쓰이는 바라지[13] 형태를 차용한다. 굿거리장단에서 소리가 시작이 되고, 점차 악기가 겹쳐지며 즉흥적으로 연주를 꾸려 나가면 선율 단락이 맞추어지기도 하고 서로 다른 선율로 비껴가기도 한다. 자진모리장단으로 변함에 따라 덧배기춤의 극대화를 위해 태평소가 연주되어 기존의 살풀이 음악 시나위와는 차별성이 있다.

　토속성 짙은 춤인 살풀이춤에 걸맞게 투박하면서도 섬세함이 깃들인 경상도 구음시나위와 동부지방의 메나리토리[14]가 섞여 영남의 정서와 융합되어 함께 어우러지며 춤을 도운다. 처음 입춤을 시작할 무렵 정순남은 장구에 이갑조, 피리에 박경규, 젓대에 주봉진, 해금에 박의성, 북에 노상욱 등을 줄줄이 꿰뚫어 찾아내었다. 현재 장단은 최오성, 피리와 태평소는 진형준, 대금은 이중희, 해금은 윤해성, 거문고는 김명희, 구음은 이하나가 맡고 있다.

---

13) '바라지', 경상도, 강원도, 제주도 등지의 무당노래에서 으뜸 무당이 부르는 노래 사이사이에 뜻없는 말로 받는 소리를 말한다.
14) '메나리토리', 경상도 동부지역에서 쓰이는 음색이다.

4. 무복

통영살풀이춤의 무복은 백의를 숭상하는 우리의 민족성을 둔 흰색치마저고리, 통영의 지역성을 살려 바닷바람에 치마속이 보이지 않도록 통치마와 까슬한 천으로 소박하면서도 단아한 복장이 특징이다. 흰색은 주술성과 예술성을 표현하며 긴 명주수건은 제살성을 잘 표현해준다.

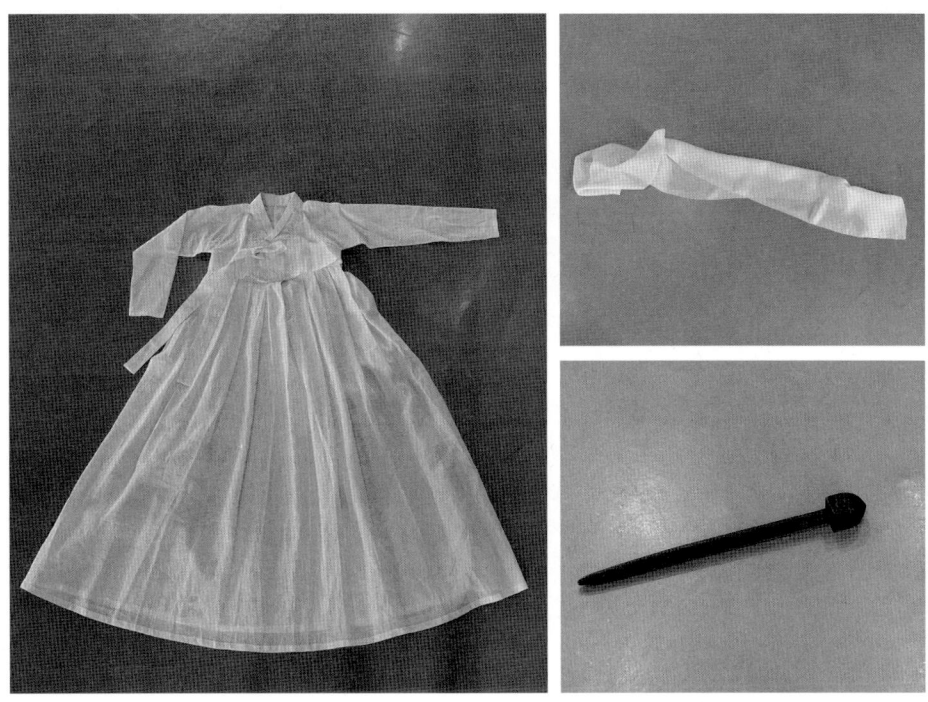

무복, 명주수건, 비녀

표 2. 통영살풀이춤의 특징

류파	엄옥자류
명칭	통영살풀이춤
지역	경상남도
기원	기방예술
춤사위 특징	남해안 통영지역의 통영살풀이춤은 통영기방을 모태로 하고 있으며 남해안 무속의 정기와 에너지를 품고 투박하면서 자유분방한 영남의 멋과 시원함, 굵은 선의 화려함과 깊고 거친 호흡의 특징을 갖추고 있는 한국 춤의 미적요소인 멋과 흥, 태, 한을 고루 갖춘 의식적인 향토 춤이며 자위적인 춤이자 염원의 춤이다.
음악	음악은 한을 기반으로 샤머니즘의 특징을 살려 무가에 쓰이는 바라지형태로 장단과 소리로 시작하여 악기가 겹쳐져 선율 단락을 맞추고 서로 다른 선율로 비껴가기도 한다. 자진모리장단으로 변함에 따라 덧배기춤의 극대화를 위해 태평소가 연주되어 토속성 짙은 춤에 걸맞게 투박하면서도 섬세함으로 영남의 정서와 함께 어우러지며 춤을 도운다.
무복	흰색치마저고리, 통영의 지역성을 살려 바닷바람에 치마속이 보이지 않도록 통치마와 까슬한 천 사용, 소박하면서도 단아한 복장이 특징이며 무구로는 살풀이 수건을 사용한다.

Ⅳ
춤사위 도해 및 동작 해설

통영살풀이춤의 동작은 크게 도입, 전개, 마무리의 순으로 전개되며, 총 26개의 중요 춤사위로 이루어져 있다.

이 장에서는 춤의 진행 단계별로 각 동작의 도해를 제시하고 동작에 대한 해설을 붙인다. 도입, 전개, 마무리 단계별 동작은 음악에 맞추어 구성되어 있다.

표 3. 단계별 동작들의 특징과 동작의 전형

단계	음악	춤사위
도입	굿거리장단 구음과 거문고 반주	염들이기, 훗날리기, 옥은겨드랑사위, 어깨매는사위, 소용돌이, 날아돋음사위
전개	피리반주로 변형	엎고 젖히기, 머리위 배김사위, 물결칭칭사위, 머리위 돌림사위, 바람사위, 어깨매고 짖음사위, 지게어름사위, 사방치기, 번개사위, 굼실굼실물결사위, 넋드림, 염원, 흘림사위
	자진모리장단 태평소 반주	맷돌사위, 대머리 대퇴머리, 맴맴돌림사위, 갈매기사위, 바람막음새, 회오리바람사위
마무리	굿거리장단 구음과 거문고 반주	길닦음

춤사위 동작해설

1. 염들이기(내드림)

1-1
호흡을 단전에 모으고 굿거리장단 1박에서 12박까지 오른쪽, 오른발에 중심을 싣고 수건을 들은 오른손을 왼쪽 허리 쪽에 염들인다.

1-2
굿거리장단 1박에서 12박까지 서서히 오른팔을 반원을 그리며 왼발중심으로 앞으로 이동한다.

1-4
정면을 지나 오른쪽 사선으로 굿거리장단 1박에서 12박까지 반원을 그리며 진행하여 오른쪽 중심으로 호흡을 내린다.

1-3
왼쪽 사선에서 굿거리장단 1박에서 12박까지 그대로 정면으로 반원을 그리며 왼쪽, 왼발 중심으로 이동한다.

2. 훗날리기

2-1
굿거리장단 1박에서 3박 오른쪽 사선에서 오른발 내딛으며 수건 든 오른팔은 내린 상태로 진행한다.

2-2
굿거리장단 4박에서 6박까지 왼발을 내딛으며 굴신한다.

2-4
굿거리장단 10박에서 12박까지 훗날린 수건을 반원을 그리며 왼쪽 옆구리로 가져온다.

2-3
굿거리장단 7박에서 9박까지 오른발을 들며 동시에 수건을 든 오른팔을 들어 올리며 훗날린다.

3. 옥은겨드랑사위

3-1
굿거리장단 1박에서 3박까지 왼쪽겨드랑이 아래에 왼팔로 둥글게 감아 오른손과 오른발을 딛는다.

3-2
굿거리장단 4박에서 6박까지 오른 손바닥으로 오른쪽으로 감아 내린다.

3-4
굿거리장단 10박에서 12박 들어 올린 왼발과 오른팔을 내려딛는다.

3-3
굿거리장단 7박에서 9박까지 왼손에 수건을 감고 왼발과 수건 든 오른팔을 들어올린다.

4. 어깨매는 사위

4-2
굿거리장단 4박에서 6박까지 오른발쪽으로 중심을 잡으며 굴신한다.

4-1
굿거리장단 1박에서 3박까지 오른팔을 들어 올려 수건을 어깨에 감아올리면서 오른발을 앞으로 내딛는다.

4-4
굿거리장단 10박에서 12박까지 뒤로 내딛는 왼발중심으로 굴신하며 수건을 완전히 어깨에 맨다.

4-3
굿거리장단 7박에서 9박까지 왼발을 살짝 뒤로 내딛는다.

5. 소용돌이

5-1
굿거리장단 1박에서 3박까지 오른발을 드는 동시에 오른팔로 수건을 위로 훗날린다.

5-2
굿거리장단 4박에서 6박까지 위로 들어 올린 수건을 왼쪽으로 감아 엎는 듯 뿌리며 오른발을 딛는다.

5-3
굿거리장단 7박에서 9박까지 왼발을 멀리 옆으로 내딛으며 양팔을 나란히 옆으로 뿌리는 듯 수건을 흩날린다.

5-4
굿거리장단 10박에서 12박에 왼쪽으로 완전히 중심을 옮기며 굴신한다.

6. 날아돋음사위

6-1
굿거리장단 1박에서 3박에 오른발, 왼발 내딛으며 왼팔로 반원을 그리며 뒤로 본다.

6-2
굿거리장단 4박에서 6박에 반원을 그리며 뒤 돌아서 7박에서 9박에 왼발을 내딛으며 오른손에 수건을 바꾸어 뒷자락으로 수건을 날린다.

6-4
굿거리장단 12박에 반원을 그리며 정면으로 양손을 앞으로 모으는 듯 한다.

6-3
굿거리장단 10박에서 11박 오른팔로 수건을 위로 던지며 오른발을 내딛으며 반원을 그린다.

7. 엎고 젖히기

7-1
굿거리장단 1박에서 3박에 양손을 수건에 나란히 쥐고 오른손을 뒤에서 4박에서 6박에 사선 앞으로 모으며 양 무릎을 굴신한다.

7-2
굿거리장단 7박에서 9박에 양손으로 나란히 수건을 뿌리며 뒤로 디딤을 옮기며 10박에서 12박에 양손을 내리며 정지한다.

7-3
굿거리장단 1박에서 3박에 오른팔로 수건을 감으면서 오른발을 내딛으며 4박에서 6박에 굴신한다.

7-4
굿거리장단 7박에서 9박에 왼발을 뒤로 내딛으며 10박에서 12박에 굴신하며 중심을 잡는다.

8. 머리위 돌림사위

8-1
굿거리장단 1박에서 12박까지 왼손을 아래, 오른손을 위로하며 오른발을 내딛으며, 머리 위로 반원을 그리며 천천히 돌아선다.

8-2
굿거리장단 1박에서 12박까지 반원 그린 오른손을 머리 뒤로 쓸어내리 듯 한다.

8-4
굿거리장단 7박에서 12박까지 뒤쪽사선으로 오른손에 수건을 머리위로 하고 날아 들어간다.

8-3
굿거리장단 1박에서 3박에 오른발을 내딛으며 4박에서 6박에 왼손의 수건을 떨어뜨린다.

9. 머리위 배김사위

9-1
굿거리장단 1박에서 9박까지 양손을 천천히 들어 올리며 오른발을 앞으로 내딛는다.

9-2
굿거리장단 10박에서 12박에 완전히 오른발에 무게 중심을 옮긴다.

9-3
굿거리장단 1박에서 6박까지 왼쪽으로 무게 중심을 옮긴다.

9-4
굿거리장단 7박에서 12 박까지 좌우로 짓음새 한다.

10. 물결칭칭사위

10-2
굿거리장단 4박에서 6박에 뿌렸던 양손을 내린다.

10-1
굿거리장단 1박에서 3박에 양손으로 수건을 앞으로 뿌리면서 살짝 튀어 오르는 듯 왼발을 뒤로 딛는다.

10-4
굿거리장단 10박에서 12박에 감은 오른손 그대로 다시 왼발을 뒤로 딛는다.

10-3
굿거리장단 7박에서 9박에 내린 양손의 수건을 오른손만 감으면서 다시 튀어 오르듯 왼발을 오른발 앞에 둔다.

11. 바람막이

11-1
굿거리장단 1박에서 3박에 오른팔을 왼쪽으로 보내 수건을 막으며, 왼발을 뒤로 딛고 굴신한다.

11-2
굿거리장단 4박에서 6박에 다시 수건을 오른쪽으로 벌려 뿌리며 오른발을 뒤로 딛는다.

11-4
굿거리장단 10박에서 12박에 다시 11-2와 같이하되 수건을 앞으로 뿌린다.

11-3
굿거리장단 7박에서 9박에 다시 11-1와 같이 하되 팔을 내리며 시행한다.

12. 어깨매고 짖음사위

12-1
굿거리장단 1박에서 3박에 오른팔로 수건을 위로 올리면서 오른발을 앞으로 내딛고 4박에서 6박에 굴신한다.

12-2
굿거리장단 7박에서 9박에 올린 수건을 어깨에 메고 왼발을 뒤로 딛고 10박에서 12박에 굴신한다.

12-3
굿거리장단 1박에서 6박에 오른발을 앞에 살짝 딛고 어른다.

12-4
굿거리장단 7박에서 12박도 12-3과 같이 어른다.

Ⅳ. 춤사위 도해 및 동작 해설 • 71

13. 지게어름사위

13-1
굿거리장단 1박에서 6박 오른발을 내딛으며 양팔을 벌린 다음 몸을 돌리면서 4박에 굴신한다.

13-2
굿거리장단 7박에서 12박까지 왼발을 내딛으며 왼손을 살짝 감아 정면을 향해 돋음질한다.

13-3
굿거리장단 1박에서 12박 까지 양팔을 벌려 오른발을 강하게 앞으로 내딛은 다음 10박에 굴신한다.

13-4
굿거리장단 1박에서 12박에 양손을 펼치고 좌우로 어른다.

14. 사방치기

14-1
굿거리장단 1박에서 3박에 오른팔과 왼발을 들어 옆으로 가며 4박에서 6박에 발을 딛고 수건을 아래로 뿌린다.

14-2
굿거리장단 7박에서 9박에 다시 왼발을 들어 오른쪽으로 반원을 그리며 10박에서 12박에 뒤돌아 오른쪽으로 뿌린다.

14-3
굿거리장단 1박에서 3박에 다시 오른발을 들어 딛고 오른손으로 둥글게 머리 위로 4박에서 6박에 왼쪽으로 뿌린다.

14-4
굿거리장단 7박에서 9박에 두를 향해 들어가며 10박에서 12박에 양팔을 들어 위로 뿌린다.

15. 번개사위

15-1
굿거리장단 1박에서 3박에 왼발을 앞으로, 몸은 사선으로 4박에서 6박에 수건을 뿌린다.

15-2
굿거리장단 7박에서 9박에 다시 정면을 향하며 수건을 가져 온다.

15-3
굿거리장단 7박에서 9박에 왼쪽으로 수건을 완전히 뿌린다.

15-4
굿거리장단 10박에서 12박에 왼쪽으로 뿌린 수건을 오른발을 딛고 위로 뿌린다.

16. 굼실굼실물결사위

16-1
굿거리장단 1박에서 3박에 수건을 어깨에 메고 오른발을 뒤로 딛고 4박에서 6박에 굴신한다.

16-2
굿거리장단 7박에서 9박에 다시 왼발을 딛고 호흡을 올린다.

16-3
다시 오른발을 뒤로 보내며 호흡을 내린다.

16-4
굿거리장단 10박에서 12박에 다시 왼발을 뒤로 내딛으며, 살짝 오른발을 딛고 수건 든 오른팔을 들어올린다.

17. 넋드림

17-1
굿거리장단 1박에서 12박에 앉은 상태에서 왼팔을 살짝 가슴 앞에 두고 호흡을 올렸다가 천천히 바닥으로 내려간다.

17-2
굿거리장단 1박에서 12박까지 뒤에 있는 오른팔을 돌려 머리위에 온다.

17-3
굿거리장단 1박에서 12박까지 엎드린 상태에서 양손을 머리위에 둔다.

17-4
굿거리장단 1박에서 12박까지 엎드린 채 넋을 드린다.

18. 염원

18-1
뒤를 향해 오른발을 딛고 오른팔은 위로 왼팔을 옆으로 굿거리장단 1박에서 6박까지 정지한다.

18-2
18-1 자세에서 굿거리장단 7박에서 12박까지 호흡과 팔이 나란히 내려온다.

18-4
굿거리장단 7박에서 12박까지 18-3 자세로 계속 돌아온다.

18-3
굿거리장단 1박에서 12박까지 수건을 앞으로 살며시 쥐고 왼발을 딛고 오른쪽으로 돌아온다.

19. 흘림사위

19-2
굿거리장단 4박에서 6박에 수건을 일자로 뿌리면서 미끄러지듯 뒷걸음한다.

19-1
굿거리장단 1박에서 3박에 정면을 향해 오른발을 뒤로 수건을 앞으로 뿌린다.

19-3
굿거리장단 7박에서 12박까지 수건을 앞 사선 밑을 향하다 10박에 사선 아래에서 정지한다.

19-4
굿거리장단 1박에서 6박에 그대로 머무르다 7박에서 9박에 살짝 호흡을 올리고 10박에서 12박에 내린다.

20. 대머리 대퇴머리

20-1
자진모리장단 1박에서 3박에 뒤로 오른발을 굴신하며 딛고 오른손을 크게 머리위에 감고 4박에서 6박에 호흡을 내린다.

20-2
자진모리장단 7박에서 9박에 왼손을 들어 올리며 10박에서 12박에 왼발을 찍어 올린다.

20-4
20-3을 자진모리장단 1박에서 3박, 4박에서 6박으로 나누어 하고 7박에서 9박에 양손을 위로 던지고 10박에서 12박에 내린다.

20-3
자진모리장단 1박에서 3박에 왼발을 왼쪽으로 굴신하며 4박에서 6박에 오른손을 들어 올리고 다시 7박에서 9박에 오른발을 오른쪽 굴신하며 10박에서 12박에 들어올린다.

21. 맷돌사위

21-1
수건을 돌면서 자진모리장단 1박에서 6자박 오른발 겹디딤 7박에서 12박 왼발 겹디딤, 반복하며 수건을 등 뒤로 보내어 왼손에 가져온다.

21-2
자진모리장단 1박에서 3박, 4박에서 6박, 왼손을 점점 앞으로 가져오며 오른발, 왼발겹디딤 한다. 발은 3박, 4박 반복한다.

21-3
자진모리장단 1박에서 3박, 4박에서 6박으로 오른발 겹디딤, 왼발 겹디딤 하면서 오른손에 수건을 쥔다.

21-4
자진모리장단 1박에서 12 박까지 오른발 왼발을 딛고 수건을 살짝 돌리면서 오른쪽 어깨위에 둔다.

22. 맴맴돌림사위

22-1
수건을 바닥에 내리고 몸을 원심을 향하여 자진모리장단 1박에서 6박으로 왼발 겹디딤 한다.

22-2
자진모리장단 7박에서 12박 오른발 겹디딤 한다.

22-3
22-1을 반복한다.

22-4
22-2를 반복하며 정면에서 마무리한다.

23. 갈매기사위

23-1
자진모리장단 1박에서 6박에 왼발로 옆으로 겹디딤하며 사선 위로 수건을 뿌린다.

23-2
자진모리장단 7박에서 오른발로 겹디딤하며 10박에 왼손을 살짝 감는다.

23-3
23-1을 반복하되 수건을 사선 아래로 뿌린다.

23-4
23-2를 반복한다.

24. 바람막음새

24-1
자진모리장단 1박에서 6박에 왼발을 딛고 왼쪽을 돌아 7박에 왼발을 딛고 뒷걸음질 치며 가다가 10박에 왼쪽 안으로 수건을 뿌린다.

24-2
자진모리장단 1박에서 6박에 오른발을 딛고 오른쪽으로 돌아 7박에 오른발을 딛고 뒷걸음질 치며 가다가 10박에 오른쪽 바깥으로 양손을 뿌린다.

24-3

24-1을 반복한다.

24-4

24-2를 반복한다.

Ⅳ. 춤사위 도해 및 동작 해설 • 95

25. 회오리바람사위

25-2
자진모리장단 1박에서 12박까지 오른발을 딛고 양팔을 앞으로 왼손은 아래 오른손은 위로 해서 오른쪽으로 해서 중앙으로 잔걸음으로 들어간다.

25-1
자진모리장단 1박에 6박까지 오른손은 가슴에 대고 왼손을 뒤로해서 오른발 왼발 1박씩 앞으로 딛는다. 7박에서 9박에 오른발 겹디딤, 10박에서 12박에 왼발 겹디딤 한다.

25-3
자진모리장단 1박에서 12박까지 양손을 머리 위에 벌려 올려두고 오른쪽으로 회전한다.

25-4
자진모리장단 1박에서 60박까지 다시 회오리처럼 수건을 뿌리면서 오른손에 보내고 왼쪽으로 돌면서 천천히 내려 앞으로 모은다.

26. 길닦음

26-1
왼쪽사선 뒤를 보면서 수건을 뒤로 던지고 굿거리장단 1박에서 12박까지 오른발을 천천히 내딛고 다시 왼발을 1박에서 12박까지 끌어오고 다시 1박에서 12박까지 왼발을 내딛고 다시 1박에서 12박까지 오른발을 끌어온다.

26-2
26-1을 반복하되 몸의 방향은 왼쪽으로 서서히 돌아 진행한다.

26-4
뒤 사선아래에 있는 오른팔을 몸 앞으로 가져오며 시선을 살짝 수건을 향하며 길 닦음으로 마무리한다.

26-3
굿거리장단 1박에서 12박에 왼발 내딛고 1박에서 12박에 오른 발 내딛고 1박에서 12박 왼발 내딛으며 잔걸음으로 가면서 수건을 바닥에 살며시 놓는다.

엄옥자 통영살풀이춤

V
통영살풀이춤의 미적 특성

1. 예술성

1) 통영살풀이춤의 고유성

　남해안 통영지역 엄옥자의 통영살풀이춤은 통영 권번을 모태로 하고 있으며, 남해안 무속의 정기와 에너지를 품고, 투박하면서도 자유분방한 영남의 멋과 시원함 그리고 굵은 선의 화려함과 깊고 거친 호흡의 특징을 갖추고 있다.
　이 춤의 시원은 제액을 소멸하는 무의식이었을 것으로 추측되므로 통영살풀이춤 또한 이 지역 무속과의 연관성이 있었을 것이다. 실제 통영권번에는 이 지역 세습무계 인물들이 활동하기도 하였다. 그러나 현재 전승되고 있는 통영살풀이춤의 춤사위가 이 지역 무속(남해안굿) 춤사위와 전적으로 일치하는 것은 아니다. 즉, 무속의 소재를 차용했지, 무녀의 의식무를 모방하는 춤은 아닌 것이다. 현재 연행되고 있는 통영살풀이춤의 확실한 전승계보에 놓인 인물은 모두 교방과 권번 예기들이었다. 따라서 통영살풀이춤의 직접적 연행 무대는 권번인 것이다.

통영지역에는 중요무형문화재 제21호 승전무가 있으며 승전무의 뿌리역사는 통영권번에 있어 통영살풀이춤과 맥을 같이 하는 듯 하나 춤의 근원과 쓰임새, 연행공간, 춤의 틀거리, 춤태, 의상과 소도구 등 두 춤은 실상 다른 양상을 보인다. 승전무는 통제영의 연향에서 연행하던 승전을 축하하는 춤으로 기본정신이 국가에 대한 충정심이고, 통영살풀이춤은 신화와 무속에 기대어 있다. 연행공간에 있어서도 승전무는 배 위나 대뜰의 야외공간에서 추어졌으나 살풀이춤은 방안춤으로 추어져왔다.

춤의 틀거리를 보더라도 승전무는 입춤, 앉은춤, 북춤, 창사춤으로 이루어진 통영북춤과 입춤, 사위춤, 앉은춤, 칼춤으로 이루어진 통영칼춤으로 분명한 법식에 기반을 두고 있으나 살풀이춤은 허튼춤으로 즉흥적이고 자유분방한 구성을 특징으로 본다.

의상과 소도구의 상이함은 두말할 필요도 없거니와 김해근, 정순남으로부터 나온 두 춤의 춤태도 비슷한 모양새를 찾기 어렵다. 이는 궁중무에서 교방으로 흘러들어온 승전무와 민속춤에서 이어져 내려온 살풀이춤의 내력에서 그 이유를 찾을 수 있을 것이다.

살풀이춤은 고유의 가치를 보존하기 위해 이미 국가문화재로 지정되어 전승되고 있는 문화유산이다. 통영살풀이춤 또한 고유한 문화유산이고 특히 남해안 통영지역의 수건춤으로부터 맥을 이어온 지역춤으로서 승전무와는 또 다른 가치를 지니고 있으므로 이의 문화유산 전승활성화와 지속적인 계승을 위한 문화재 지정신청은 당연하리라 여겨진다.

2) 통영살풀이춤의 형식미·내용미

통영살풀이춤의 형식미는 통영 앞바다의 물결처럼 넘실넘실하고 우쭐우쭐하면서도 무겁고, 교방이나 군영과의 관계 속에서 강하고 담백하게 변화된 독특한 역사적 반영을 지니고 있다. 춤사위는 오그라진 옥은사위가 많고, 남해안 별신굿이나 승전무처럼 악·가·무 일체의 형식을 가지고 있다. 또한 통영살풀이춤은 한국무용의 미적 요소인 멋, 흥, 태, 한을 고루 갖춘 의식적 향토춤이며 자위적인 춤이자 강렬한 염원의 춤이다. 그 틀은 민속무용을 가르치던 권번을 중심으로 전승되었다. 더욱이 잔치나 연희의 자리에서 행해지는 만큼 통영살풀이춤은 결코 한이나 슬픔에 머무른 춤이 아니라 그것을 뛰어넘어 자유와 선(善)으로 승화된 기쁨 지향적인 춤이다. 그 시원은 무속이지만, 공연의 무대와 맥락이 변화하고, 전문 예술인의 해석이 덧붙여지면서 무속춤과는 차별화되는 예술춤이 된 것이다.

3) 통영살풀이춤의 표현미

통영살풀이춤은 고도로 다듬어진 전형적인 기방예술의 산물로 춤사위의 기교가 뛰어나며 한과 멋, 흥을 바탕으로 남해안 통영의 호방하고 시원한 멋을 품어내고 있다. 각각의 춤사위마다 아름답게 맺고 풀어내며 손끝에서 발끝까지 에너지가 표출되고 전이된다. 수건의 곡선미와 발놀음이 화려하며 강한 인상과 여운을 주고, 잔잔하거나 혹은 시원한 발놀음으로 감추어진 신명과 흥의 기개를 유쾌하게 나타내며 감칠맛 나는 역동성과 미적 쾌감을 주어 마음을 움직인다. 춤은 여러 시대의 정신을 한 몸에 담아야하므로 상황이나 현장에 따라 개성을 발휘하는 것이고 비록 한을 담은 살풀이라 하더라도 속울음을 승화시켜준다. 신기와 신명이 가미되어 조상들의 풍류와 우주와의 화해를 이끌어내어 상생과 합일을 이루는 한국춤의 특성을 그대로 내포하고 있다.

4) 통영살풀이춤의 기능성

통영살풀이춤은 하나의 역사교과서이다. 100여년 흘러온 통영지방의 교방, 권번(기방)문화 속에서 꽃피운 예술의 하나가 지금까지 지속되어오고 있다. 단순히 춤으로서 표현되는 것을 넘어서서 그것을 전승해온 전승자의 이야기, 전승공간의 이야기 등은 향후 이 지역 사람들에게는 지역에 대한 자긍심을 갖게 하는 계기가 될 것이다. 아울러 '살풀이=이매방·한영숙'으로만 알고 있는 일반인들에게는 다양한 살풀이춤이 존재함을 알게 함으로써 다양한 한국춤문화에 대한 인식 제고에 기여할 것으로 보인다.

신토불이(身土不二)라는 말이 있듯이, 지역의 춤에는 그 지역 특성이 반영된 표현과 몸짓이 있다. 영남의 몸짓을 대표하는 덧배기춤처럼 다른 지역과는 변별되는 통영이 갖는 통영살풀이춤만의 특성이 존재한다. 따라서 통영살풀이춤은 문화의 다양성을 알리는 좋은 표본이 될 수 있다. 점차 의식주, 언어 등이 모두 서울의 것으로 표준화되어 가는 이 시기에 오롯이 지역의 특성들을 담고 있는 소중한 무형문화유산으로서 기능하는 바가 크다.

2. 학술성

1) 통영살풀이춤의 한국문화 연구 기여도

통영살풀이춤이 한국문화 연구에 기여할 수 있는 바는 크게 두 가지 면에서 설명할 수 있다. 하나는 '문화의 보편성과 특수성'이라는 측면과 '통영 교방과 권번 문화' 측면의 연구이다.

가. 문화의 보편성과 특수성

한국을 대표하는 춤 중 국내 대중이나 외국인들에게 인지되는 춤이 '살풀이춤'이다. 그러나 국내에도 지역 또는 류파에 따라 다양한 살풀이춤이 마치 하나로 통일되어 있는 춤이라는 선입견을 가지고 있다. 더 미세하게 들어가면 한국의 살풀이춤(또는 수건춤)은 너무 다양해서 수건춤, 입춤, 굿거리, 허튼춤, 즉흥춤, 흥춤, 살풀이춤 등 용어도 통일되지 않은 상태로 존재한다. 통영살풀이춤은 경상남도 여러 곳에서도 지역적인 춤이 존재하고 있음을 알리는 동시에, 다양한 전국 수건춤(살풀이춤) 비교 연구에 대한 필요성, 더 나아가 본격적 연구로 이어질 것으로 기대된다.

나. 통영 교방과 권번 문화

통영은 매우 다양한 무형문화자산들이 있는 공간이다. 그것은 무엇보다도 통영이 조선시대 수군삼도통제영의 존재 때문으로 이해된다. 통제영 12공방에서 전승되던 여러 기능들이 현재에도 지속되며 나전장, 소목장, 두석장, 소반장, 염장 등으로 지정되어 있다. 또한 예능으로서 통영오광대, 승전무, 남해안별신굿 등이 지정되어 있다. 이들 예능 종목의 악사와 연희자들은 통제영의 교방과 취고수청, 권번, 굿판, 지역 연희패 등을 넘나들고 있다. 통영살풀이춤은 직접적으로는 통영권번과 연관되지만, 구술을 통해 그 맥이 통제영 소속 교방까지 이어진다. 따라서 통영살풀이춤은 통영 교방과 권번의 예술문화를 조명할 수 있는 한 사례로 연구에 기여할 것으로 보인다.

2) 학술연구 자료로서의 통영살풀이춤

지금까지 통영지역의 춤 연구는 무형문화재로 지정된 '승전무'에

통영 마지막 기녀들 모습

집중되어 있다. 승전무보다 더 큰 단위의 통영 권번, 더 나아가 통영 교방에 대한 연구까지 확장되지 못하고 있다. 승전무가 국가무형문화재로 지정된 것은 큰 영광이고, 가치있는 일이지만, 그에 못지 않은 한계들도 노정하고 있는 것도 사실이다. 이를테면 '통영권번의 춤'으로 크게 종목을 지정하지 못하고, 그 속에서 '북춤과 칼춤, 그리고 그것도 권번의 예술보다는 이순신 승전으로 다소 포장하려는 욕구'가 있었다.

그래서 실제 승전무의 초대 보유자인 정순남이 추었던 입춤, 수건춤(통영살풀이춤)에 대한 전승환경이 조성되지 못하였다. 다행히 정순남에게서 춤을 배운 엄옥자는 승전무의 전승뿐 아니라 정순남의 입춤과 수건춤, 그리고 정순남의 선배격인 이국희의 굿거리춤, 통영진춤 등 통영권번의 레퍼토리를 지금까지도 오롯하게 전승하고 있다. 따라서 통영살풀이춤은 그 자체로 연구대상이 되기도 하지만, 더 나아가 통영권번과 교방의 예술을 조명할 수 있는 기한 퍼즐이 될 것으로 기대된다.

3. 지역성

통영살풀이춤은 통영의 지역성을 지니고 있어 문화재적 가치가 매우 높다. 우리 춤은 정중동의 절제된 자연미와 정갈함을 우선으로 하는데 통영살풀이춤은 여기에 신명과 허튼 모양새의 멋스러움으로, 투박하지만 힘이 있는 토속적이고 민속적인 아름다움을 더하고 있다. 옥은 겨드랑사위, 지게어름사위, 물결칭칭사위, 맴맴 돌림사위, 번개사위, 머리위 돌림사위, 어깨매는사위, 머리위 배김사위, 날아 돋움사위, 맷돌돌림사위, 대머리대퇴머리, 넋드림, 흘림사위, 덧배김사위 등의 춤사위 명칭을 보더라도 남해안 통영의 지역적 춤 성격을 포함하고 있음을 어렵지 않게 알 수 있다.

통영살풀이춤의 가장 큰 특징은 남해안 통영적 특성인 깊고 거친 호흡에 있다. 가벼운 수건 한 장으로 한을 풀어내며 신명으로 이끌어가는 과정에서 발쪽으로 무겁게 툭 떨어지는 호흡, 가볍게 떨어지다 멈추는가 하면 다시 강하게 툭 떨어지는 호흡법은 영남(통영)춤의 성격이 아니고서야 설명해낼 수가 없는 것이다. 가볍고 매끈한 호흡이 아니라 답지저앙의 변형인 배김새를 이끌어 내는 강하고 깊은 호흡이야말로 영남춤의 시작이자 완결을 이끌어내는 중요한 요소이다. 그래서 통영살풀이춤은 중력에 반하여 떠올리는 발디딤이 무거워 춤이 깊어지고, 거칠고 투박한 어깨짓에 따라 춤을 맺고 멈추고 풀어 남해안 통영의 해학적 한이 녹아내리는 과정을 표현하며, 분출하는 강력한 힘의 균형과 조화로 통영춤의 근원적 원형을 보여준다.

1) 지역의 전통문화로서 대표성

통영은 꾸미지 않는 순수한 생명력을 지닌 예술의 땅이며 군영과 권번이 함께 한 무겁고 진지하고 담백하면서도 바다가 주는 자유분방한 기운을 지니고 있다. 통영살풀이춤 또한 이런 지역적 성격을 오롯이 담고 있다. 엄격한 듯 또박또박 발디딤을 하고, 지숫는 발은 무겁기 그지없다가도 경우에 따라서는 보이지 않을 정도로 빠른 발놀림으로 밀어붙이기도 한다. 무심한 듯 바닥으로 수건을 툭 던지는가 하면 땅바닥에 엎드리는 몸짓, 어느 새 겨드랑 사위로 세련된 몸짓을 보여주는 것은 격식없이 자유스러운 바닷가의 기질이 춤의 전반을 관통하고 있음을 의미한다.

전국에 살풀이춤은 많다. 그러나 '통영살풀이춤'은 하나이다. 수건을 이용하여 추는 허튼춤, 무속 영향으로 인한 제액 소멸의 의미

지향 등 보편적인 살풀이춤의 유형이지만, 앞서 설명했듯 통영이라는 공간과 그 속에 살아가는 사람들의 기질을 반영해낸 춤은 다른 지역의 살풀이춤과 차별화된다고 할 수 있다.

2) 한국의 전통문화로서 대표성

살풀이춤은 세계적으로 잘 알려진 한국춤의 대명사이다. 주지하다시피 이 춤은 하나의 버전만 있는 것이 아니라 지역 또는 예술가에 따라 다양하게 존재하며, 이미 여러 춤들은 국가지정무형문화재 및 시·도무형문화재로 지정되어 있다. 해외에도 한국의 대표 춤으로 손꼽히는 것이 살풀이춤인 만큼 '살풀이춤'은 이미 한국 전통문화로서 대표성을 가진다.

통영살풀이춤 또한 넓은 범주로 이 살풀이춤에 속하므로 '한국의 전통문화로서 대표성을 가지는가'에 대한 답변이 될 수 있다. 한편 살풀이춤 중 하나라는 보편성과 함께 '통영'이라는 특성이 존재하므로 아울러 특수성도 있다. 이는 무형문화재가 지향하는 '문화의 다양성' 측면에서도 가치 있는 부분이라 할 수 있다.

Ⅵ
맺음말

　살풀이춤은 한국 전통문화로서, 한국의 대표춤으로 국가지정 또는 시도 지정 무형문화재로서, 다양한 지역에서, 다양한 예술가들에 의해 독특한 수법으로 다듬어져 한민족의 정서를 가장 잘 대변하는 춤으로 계승, 발전되어 왔다.

　통영살풀이춤은 승전무의 예능보유자 엄옥자가 통영권번 예기들의 기본춤인 입춤, 그리고 수건춤(살풀이춤)을 바탕으로 전문예인적인 기량을 합쳐 전통 민속춤으로 구현해 낸 것이다.

　엄옥자는 유년시절 이국희로부터 춤을 배우면서 그 재능을 인정받았고, 통영권번 출신의 예기 정순남으로부터 장단, 창, 춤을 사사받기 위해 6개월간 정순남과 한집에서 지내며 장구 장단, 창, 춤(입춤, 승전무(칼춤, 북춤), 굿거리춤, 수건춤(살풀이춤))등을 전수받았다. 또한 김백봉, 이매방, 한영숙, 김숙자로부터 각 류파의 살풀이춤을 사사받아 공연하였다. 오랜 시간 각고의 노력으로 정형화되지 않고 다소 가변성 있는 정순남의 수건춤(살풀이춤)이 엄옥자에 의해 정형화되고, 무대화되어 오늘날 전승되고 있는 춤이 '통영살풀이춤'이다. 통영살풀이춤은 정순남으로부터 받은 지역 민속춤의 원형과 여러 지역 또는 유파의 살풀이춤을 섭렵하면서 확보한 전문 예인적인 기량을 발휘해 '통영다운 춤'의 요체를 살려낸 통영지역 고유의 문화재로 자리잡게 되었다.

통영살풀이춤은 국가지정무형문화재 제21호로 지정받은 승전무와 함께 통영전통민속춤의 양대 계보를 대표하는 춤이다. 승전무와 살풀이춤은 지방색이 짙은 교방정재와 흡사한 우아함과 절제된 고상함이 담겨져 있는 춤과 흥과 멋이 자연스럽게 녹아있는 민속춤의 대표춤이라고 할 수 있다. 이 점에서 이 책은 결국 엄옥자가 발굴, 전승한 통영지역 전통춤의 완성본이라고 할 수 있다. 지금도 문화재로 지정된 승전무의 북춤과 칼춤과 달리 입춤과 수건춤(살풀이춤)은 '승전무보존회'가 아닌 엄옥자 개인을 통하여 전수되고 있다. 통영살풀이춤은 엄옥자와 그의 제자들의 공연에 정식 레퍼토리로 공연되어 왔다. 통영살풀이춤은 지금까지 다양한 공간과 기회를 활용하여 전수교육을 실시해 오고 있다. 1987년 이후 지금까지 저자가 통영살풀이춤보존회를 이끌어 오고 있다.

엄옥자는 구한말과 일제 강점기, 그리고 현재의 대한민국에 이어지는 격랑의 민족사적 환경 속에서도, 그 누구도 감히 이루어낼 수 없을 정도로 부산과 경남지역의 전통춤의 원형을 발굴하고 본인의 일생을 다 바쳐 민속춤의 전형을 체계화하고 무대화한 진정한 춤꾼이다. 경남과 부산에 산재해 있던 3개(통영, 동래, 진주)의 권번에서 이루어진 많은 전통춤 중에 엄옥자의 몸을 거치지 않은 춤이 없으며, 그 춤의 춤사위를 고증하면서 정리하고 어떤 장애가 있어도 반드시 전형을 만들어내고야 만다는 열정을 쏟았으며, 그리고 그 춤들을 세상에 알리기 위해 무수한 공연을 마다하지 않았다. 수많은 후배와 제자를 모아 함께 다듬고, 부산·경남의 자랑스런 무형문화재를 사람들의 일상에 스며들게 함으로써 조상들의 삶의 맥을 후손들에게 이어주는 스승으로서의 엄옥자의 역할은 승전무 무형문화재로서의 역할을 크게 넘어서는 것이다.

어릴 때 선친이 경영하던 한약방 영수당 뒷골목에서 통영의 겨울 찬 바닷바람을 마시며 코를 훌쩍거리고 선머슴아이처럼 놀던 놀이정신과 신체단련이 평생 춤인생의 저력이다.

일제 강점기 권번 출신의 기생들은 예기로서보다는 창기로 취급받던 시대적 분위기 때문에 모든 춤을 숨겨 두고 세상에서 고립되어 은둔생활을 하던 정순남을 끝까지 설득하고 생활을 함께 하면서까지 권번에서 이루어진 모든 춤을 배웠다. 살풀이춤만 아니라 칼춤, 북춤, 입춤, 수건춤, 오광대 남해안 별신굿 등 경남과 부산에 이르는 광범위한 영역에 걸친 전통춤의 원형을 발굴한 산 증인인 엄옥자야말로 부산·경남의 모든 유형의 전통춤을 발굴하고 보유하고 있는 산 증인이다.

통영살풀이춤은 살풀이춤 중 하나라는 보편성과 함께 '통영'이라는 지역문화적 특성을 지니고 있으며 아울러 특수성도 있다. 무형문화재가 지향하는 '문화의 다양성' 측면에서도 가치 있는 문화재이다. 이 점에서 통영살풀이춤이 남해안 통영을 대표하는 지역문화재 '통영살풀이춤'으로 공식 지정되어 제도 내에서 안정적이고 정확한 전승과 발전이 이루어지기를 바란다. 경상남도 지정문화재가 되어 통영, 경남 뿐만아니라 한국의 문화로서 세계인들에게 한국 남해안의 전통의 멋과 흥을 경험할 수 있는 기회가 확대되기를 희망한다.

통영살풀이춤을 민속춤으로서 발굴하고 체계화하며 전승한 엄옥자는 마땅히 살풀이춤 보유자로서 지위가 부여되어야 하나, 둘 이상의 무형문화재 보유자가 될 수 없다는 현 무형문화재 제도로 인해 전수자로서의 역할을 맡고 있는 저자는 항상 가시방석에 앉아 있는 기분이다. 전승자로서의 책임감을 가다듬게 하려고 저자에게 항상 춤의 정신과 춤꾼으로서의 자세를 일러 주면서 전수자로서 통영살풀이춤을 완벽하게 표현한다는 위로도 부담스럽다. 다행스런 것은 스승이 생존하셔서 혹시라도 잘못된 길을 갈 수 있는 오류를 피할 수 있다는 것이, 마치 살풀이춤의 시집을 살면서 그것을 온전하게 지킬 수 있도록 도와주는 시어머니가 계신다는 안도감을 느끼는 것이 저자의 커다란 행복이자 행운이다.

엄옥자의 중학교시절
무용발표회

엄옥자의 고등학교 시절 무용반에서

정순남과 칼춤을 추는 엄옥자

엄옥자 선생님과 통영살풀이춤 공연을

보록

통영살풀이춤에 대한 엄옥자선생과 김희복교수의 대담

■ 일자 : 2018년 10월 9일
■ 장소 : 미르무용단 연습실
■ 방법 : 구술 채록

김희복 : 안녕하십니까? 엄교수님. 오늘은 통영살풀이춤의 전승과정과 살풀이춤의 특징에 대해 변지연 선생님이 정리한 내용의 객관성과 역사적 근거를 확보하기 위하여 교수님의 경험과 증언을 듣고자 이 자리를 마련하였습니다. 바쁘신 가운데 흔쾌히 대담에 응해 주셔서 감사합니다. 우선 통영살풀이춤의 지역문화재로서의 계보는 어떻게 정리될 수 있겠습니까?

엄옥자 : 저희들은 정순남 선생님한테 배웠으니까 정순남할머니 직계 제자 엄옥자 다음 변지연 이런 계보가 내려가는데, 그 윗대로 보면 정순남 선생님의 선배님이신 이국희 선생님이 주로 후배들을 많이 지도를 했다고 그렇게 정순남 할머니한테 들었거든요. 그런데 이국희 선생님 위에 보면 스승인 김해근 선생님이 계세요. 김해근 선생님이 살아계시면

은 지금 171살 정도 되는 거예요. 그러니까 정순남 선생님이 살아계셔도 117년인가 그렇게 되니까 그 윗대에 김해근 선생님이 계시니까 고렇게 잡으면 이게 뭐 백년이상이 충분히 되고 저희들이 또 문화재 법에 정해져 있는 법조항에 보면 백년 이상된 종목을 주로 문화재로서 인정하는 거거든요. 그렇게 볼 때 이 통영살풀이춤은 이미 백년이 훨씬 넘어서 그런 계보를 가지고 있기 때문에 문화재로서 지정이 되는 연한은 맞는 거죠.

김희복 : 여기에 통제영 폐영과 함께 교방청 또한 폐쇄되면서 활동했던 인물들이 자연스레 통영권번으로 그 활동무대를 옮기게 되었다는 내용이 있습니다. 그 중 중요인물로 김해근, 이국희. 정순남, 이갑조 선생님들이 거명되고 있습니다. 이 분들과 살풀이춤과의 인연을 듣고 싶습니다. 우선 김해근 선생님은 남자분이십니까?

엄옥자 : 아닙니다. 여자, 예.

김희복 : 그렇다면 이분들이 교방에 있다가 권번으로 가게 된 사실은 어떻게 추정할 수 있습니까

엄옥자 : 권번으로 가지는 안했던 것 같고 제가 추측컨대 김해근 선생님은 이미 171년이 지난 세월이 있으니까 유일하게 교방에서 검무를 했던 기녀로서 그때 당시에 통제사 앞에서 불려가서 춤을 출 정도가 되니까 기량이 매우 뛰어났다라고 그렇게 추정이 되고 그 이외에 이국희 선생님이나 정순남

선생님은 연세로 보나 그때는 이미 교방이 없어지고 기방 권번이 생겨가지고 마지막 통영의 예기조합 출신으로 알고 있습니다.

김희복 : 그래서 그때 예기 조합장님이 이갑조 선생님입니까?

엄옥자 : 네, 장구 치는 분.

김희복 : 그럼 이갑조 선생님은 여성이십니까?

엄옥자 : 아닙니다 남자입니다.

김희복 : 음악을 맡으셨네요. 그래서 통영권번은 마지막 예기조합장 이갑조가 작고함에 따라 1974년 완전히 사라졌지만 이미 1960년대에 무명유실해졌다. 이 내용이 맞습니까?

엄옥자 : 예.

김희복 : 마지막까지 있었던 예기들은 마산 부산 등지로 이주하게 되었다는 내용이 있는데요.

엄옥자 : 네네, 많이 흩어져 있다라고 들었습니다.

김희복 : 정순남선생님한테 들으신 말씀입니까?

엄옥자 : 이거는 정순남 선생님한테 직접 들은 거 보다는 나도 고향이 통영이니까 통영출신들이 그런 지역에서 하던 말을 통해서 들었죠. 그러니까 이런 분들한테 직접 들은 셈이고 그 주변에 이분들을 아는 분들이 그 사람도 통영 기생출신이다 이렇게 하니까 저희들이 인정을 하게 되고 그랬지요. 정순남 할머니가 딱 이 사람들 마산에 가고 부산에 가고 이런 식으로 말씀은 안하셨지만은 사람이 먹고 살기 위해서

충분히 헤어져서 인근 주변의 지방에도 가서 살수도 있지 않겠습니까?

김희복 : 그러니까 이제 정순남선생님한테 직접 들었다기 보다는 그때 마지막 예기로 계셨던 분들을 통해서 이리저리 들었던 말씀을 여기 정리하게 된 거네요.

엄옥자 : 제가 정순남 할머니를 찾기 이전에 저기 뭐고 그 좀 뭐라 할까 한량쪽에 이름 있는 그런 어르신들을 찾아다니면서 공부하느라고 그렇게 했을 때에 금행이는 어디에 가고 뭐 초행이는 어디를 가고 이런 식으로 말씀을 하시니까 이제 고렇게 흩어져 있는 걸로 알고 있죠.

김희복 : 충분히 납득이 되었습니다. 김해근에게서 춤을 배운 인물이 바로 국가 무형문화재 승전무 초대 예능보유자였던 정순남선생님이라는 것이죠?

엄옥자 : 예, 정순남 할머니는 13세대 당시 춤을 배우기 시작하여 35세때까지 춤을 추었다고 들었습니다.

김희복 : 교수님은 처음 세병관에서 살풀이춤을 추셨다고 하셨는데…?

엄옥자 : 승전무를 발굴하고 그 발굴 작업을 하면서 세병관에서 추었던 춤이기 때문에 거기서 연습하면서 적절한 기회에 승전무도 촬영하고 살풀이춤도 추고 해가지고 좀 자유로운 그런 뭐라고 할까 그 발표회였어요.

김희복 : 그렇다면 그 당시 살풀이춤 자료를 만드는 과정에서 추셔

떤 것이네요.

엄옥자 : 예, 그때에 제가 살풀이라는 춤을 처음 췄죠. 보이기 위한 춤은…

김희복 : 사람들 많이 모아놓은 공연은 아니네요. 그죠?

엄옥자 : 세병관의 자연 관객들이 있으니까.

김희복 : 최초 발굴 확정짓는 그 단계에서 공연을 하신 거군요.

엄옥자 : 예.

김희복 : 통영살풀이춤을 사사받으셨고 김백봉 선생님 이매방 선생님 한영숙 선생님 김숙자 선생님들에게 류파의 살풀이춤을 사사받았는데 지금 혹시 각각의 선생님들에게 받은 살풀이춤의 특징에 대해 말씀해 주실 수 있습니까?

엄옥자 : 네.

김희복 : 먼저 김백봉 선생님에게 받은 살풀이춤은 어떤 특징입니까?

엄옥자 : 김백봉 선생님은 인제 살풀이춤을 자기 춤으로 작품을 만들어서 제자들에게 전수를 하는 그런 종목은 아니었습니다. 이분은 신무용 시대의 신작무를 했기 때문에 전통적인 그런 부분의 춤들을 추지 않았기 때문에 선생님한테 얻은 것은 제 원향지무같은데.. 조금 어느 정도 삽입이 되어 있는데 선생님춤은 그 저기 뭐야 짧은 수건을 들고 제 원향지무처럼 수건을 들고 즉흥적으로 추는 춤이라 하여 즉흥무를 작품화한 아주 유명한 작품을 남겼어요.

김희복 : 이매방 선생님에게는 작품을 사사 받으셨다고요...?

엄옥자 : 네, 승무 살풀이를 받았는데 살풀이를 이매방 선생님을 너무 빼 닮았다 이런 소리를 많이 들었어요, 그랬었고 선생님의 춤이 너무 신명나고 좋아서 살풀이는 제 개인적으로는 두 살풀이가 탄생했다고 보는데 하나는 이매방 선생님의 경우는 기방에서 기녀들과 살풀이춤을 추면서 선생님화 하고, 선생님 작품을 제작을 해서 추는 춤이고, 이매방 선생님같은 경우는 성품이 괴짜적인 예술가로서의 고집스러우면서도 긴 것도 아닌 것도 아닌 것이 하여튼 뒷발치기를 했다 앞발치기를 했다가 그러고 보고 있는 사람들이 막 무릎을 두드리면서 얼씨구하면 선생님도 막 거기타가지고는 호흡을 막 재치있게 하시고, 그러면서 약간 즉흥성을 띠우면서 자유분방하게 추셨죠. 한영숙 선생님 같은 경우는 재인청에서 주로 추는 분위기를 가지고 추시는데, 그분은 결 따라 자연스럽게 추지만, 이매방 선생님은 뒷발치기를 하면서 엇박을 막 먹어 제끼고, 한영숙 선생님 같은 경우는 아주 고우면서 자연스러운 결을 타고 있고, 그래서 그게 두 분의 특징적인 모습이고, 한영숙 선생님의 춤은 너무나 자연스럽고 그렇기 때문에 숨을 죽이면서 봐야 되고 이매방 선생님의 경우는 얼씨구 하고 춤을 추시면 막 저도같이 어깨춤이 나올 정도로 매몰찬 그런 어떤 흥을 갖고 추는 모습들을 제가 감히 말씀을 드릴 수가 있는 거예요, 두 분의 다

른 색깔을.

김희복 : 김숙자 선생님은 어떤 색깔입니까?

엄옥자 : 김숙자 선생님은 또 살풀이가 틀려요. 긴 수건을 가지고 경기도 도당굿장단에 맞춰가지고 추는 그런 춤인데 이 선생님춤은 완전히 굿판에서 노는 그런 춤으로 살풀이의 특징적인 것은 지연이(저자)가 쓰는 살풀이책에 정리가 되어 있습니다.

김희복 : 교수님의 살풀이춤은 정순남의 지역형태적인 것을 토대로 교수님의 전문 예인적인 기량이 합쳐져서 오늘날에 이르고 있다는 표현은 구체적으로 어떻게 받아들여야 할까요?

엄옥자 : 춤을 추는 기법이나 동작의 매무새 같은 그런 것들이 가끔 요소요소에서 보이죠, 그래서 내화 된 거지. 안 그러고 정순남 선생님이 추시던 수건춤을 그대로 받았다고 하면 내 류파가 될 수가 없는 거지요. 그래서 오늘날 내 류파로 계보는 그렇게 타고 가지만 이국희 할머니한테 굿거리춤을 그리 배우고, 우리나라 춤은 굿거리춤으로부터 모든 것이 제작이 되는데, 굿거리춤을 다 배우고 나면은 거기다가 짧은 수건만 들면 즉흥무라던지 입춤이라던지 그런 허튼춤을 출 수가 있고, 한량들이 덥다고 들고 와가지고 부채를 땅에 놓았으면 거기 가서 기녀가 그 부채를 쥐면 부채춤이 되고, 그리고 또 목수건을 두르고 갔을 때에 무구가 마땅치 않으면 이거를 딱 끌러가지고 탁하면서 춤을 추면 이게 살

풀이가 된 거예요. 수건춤이. 그래서 옛날 기방에서 췄던 춤의 모태는 굿거리, 굿거리고 그 다음에 즉흥적으로 무구에 따라서 그런 표현을 하게 되고 그러니까는 거기다가 적절한 제목을 붙여가지고 허튼춤, 입춤, 즉흥무, 흥춤, 뭐 이런 식으로 해가지고 인제 후대의 제자들이 추고 있는 거죠.

김희복 : 정순남 할머니를 설득하셨다고 했는데 어떻게 설득하셨는지 장면이 기억나십니까.

엄옥자 : 제가 통영 여고에 부임하러 갔더니 교장선생님이신 김희룡 선생님이 계셨습니다. 그 교장선생님이 나를 부른 이유가 군점행렬에 보면 기녀 8명이 검무복색을 하고 따라가는데 분명히 그 기생들이 따라가면서 그 군점행렬속에 뭘 했겠노 춤을 췄겠지 하면서 기생들의 그 복색을 하고 추는 춤을, 춤을 찾아내라 하는 거예요 저보고. 그러니까는 천상 제가 그냥 세상살이에 경험도 없는 사람이고 학교서 갓 졸업하고 바로 불러서 갔더니 그렇게 과제를 넘겨주신 거에요. 그래서 할 수 없이 연세가 많으시고 옛날에 좀 이름 있는 한량분을 찾아서 기생을 찾아가야 되겠다 하니, 그래야지 하면서 이게 기생들이 춘 기방춤이니까 하며 한 할아버지를 선택해 주었어요. 아주 옛날에는 그냥 아주 천석꾼 만석꾼으로 살던 사람이라면서 김태현 할아버지라고 그 할아버지를 소개를 해주셔서 제가 찾아 가가지고 할아버지 사실 여차여차해서 승전무라고 하는 춤이 있다고 그걸

발굴을 해야 될 텐데 지금 제가 과제를 안고 할아버지를 찾아왔다. 그러니까 나를 좀 도와 달라 했더니, 그래 세상이 트인 세상으로 될 모양이다 이러시면서 내가 그냥 같이 동거를 했던 그런 할머니가 한 분 계시는 데 그 분이 정순남 할머니라고 했어요. 김태현 할아버지는 정순남 할머니의 말하자면 기둥서방 이었죠. 김태현 할아버지가 기둥서방 이었는데 그 당시에는 부잣집 한량이고 하니까 자기 본 마누라가 있는데도 그렇게 거침없이 말씀하셔서 참 신기해 했어요. 젊은 내 나이로서는, 좀 창피한 듯 하기도 하고 몸 둘 바를 모르기도 하고. 거 힘들었어요. 그러나 그 할머님을 찾아서 그분에게 부탁을 하니까, "어데 지금 내가 이 세상에 내를 드러내가지고 우짤라꼬 나는싫다 안할란다" 그러면서 안한다고 하니까 할아버지가 계속 야단을 치면서 설득을 시키더라고요. 그런데 내가 몇 번 할머니한테로 찾아가 가지고 할머니 사실 할머니가 가지고 계시는 그 춤이 너무너무 중요한 춤인데 그 춤을 우리가 배울라고 합니다. 그러니까는 좀 가르쳐 달라고 하니까 할머니가 인제 몇 번을 찾아가서 그러니까 너무 귀찮기도 하고 꼭 해야 되는 갑다 싶기도 하니까 반승낙을 하셨어요. 그래가지고 시작된 게.

김희복 : 그때 할머니는 뭘 하고 계셨습니까?

엄옥자 : 그때는 인제 할머니는 그 어떤 남자를 한사람 만나 가지고

그래가지고 뭐 집에서 계셨죠.

김희복 : 그 할머니를 통해서 같이 지냈던 기방에 있던 분들도 이야기를 많이 들으셨겠네요.

엄옥자 : 아니 그분들은 우리가 그때 당시에 내 나이도 나이인 만큼 그때 당시에 기생을 만난다는 자체부터도 사람들이 다 손가락질 할 세상이었기 때문에 파고파고 이렇게 할 수가 없었죠. 당시 학교에서 내한테 그런 과제를 주니까 내가 통영여고에 불려간 게 그 춤 때문에 불려갔거든요. 그래가지고 할머니를 학교에 모시고 와가지고 인물 좋고 할머니 원하는 대로 그런 체형을 가진 아이들을 뽑아가지고 그 춤을 시키니까 옳게 그 춤이 되겠습니까. 학교에서는 투자를 하고 하니까 뭐 전국대회 나가가지고 상을 타와야 된다고 저한테 그렇게 윽박지르면서 그러니까 제가 안할 수가 없고. 그냥 뭐 그렇게 시작을 한 게 계기가 돼 가지고 그건 예 계획이 있었던 것 같아요. 문화재로 신청을 할려고 하는. 계획이 있어 가지고 그 초창기 때 교장 선생님을 위시해서 이민기 교감선생님이라는 통영문단을 끌어가고 있는 글 쓰는 분이었는데, 그분이 또 예능에 굉장히 관심이 많으시고 통영 그 문화예술에 대해서도 그 선두에 서서 진두지휘를 하시던 분이라 저를 찾아서 발굴 작업을 시작했죠.

김희복 : 통영살풀이춤은 정순남의 지역형태적인 것을 토대로 엄옥자의 전문 예인적인 기량이 합쳐졌다라는 표현은 어떻게

받아들일 수 있을까요?

엄옥자 : 지역형태라는 거는 그분이 지금 활동을 하고 있는 지역이 통영이고, 통영의 여러 가지 인제 뭐 문화 여건적인 그런 환경들, 그런 것들을 고루 틀어 안고서 선생님이 활동을 하셨으니까 아무래도 그 지역 색이 많이 그냥 있지 않겠습니까?

김희복 : 권번 예술에 대한 현지조사와 연구 자료는 저희들이 확인할 수 있습니까?

엄옥자 : 아니요, 통영권번 그거는 한산신문사에 가끔 나오고 그랬었는데, 언제쯤인지 기억은 잘 안 나는데 거기에 통영권번 기생들의 자료들을 몇 번 저기 실었던 것 같아요. 예전에 그걸 다 빼놨는데 이사 오면서 싸그리 막 버리는 바람에 쓸려 들어갔지 싶은데. 그런데 그 기생들의 활동이나 그런건 있지만 예술활동에 대한 기록이나 그런 건 없었던 것 같아요. 있었으면 아주 소중하게 다뤘을 텐데. 왜냐하면 이게 우리나라 춤 예술에 이바지할 수 있는 연구 자료가 된다라고 하면서 실질적으로 알맹이는 없는 거예요.

김희복 : 정순남 할머니를 만나서가지고 살풀이춤 외에 승전무의 북춤과 칼춤도 교수님이 다 재현하신 거죠?

엄옥자 : 그렇죠, 김태현 할아버지를 만나서 발굴 작업을 해가지고 그것을 문화재 승전무로 지정되고 나는 1968년도 인간문화재로 정순남선생님과 함께 인정받았죠.

김희복 : 정순남 할머니를 모셔와 가지고 재밌는 에피소드 같은 건 없습니까.

엄옥자 : 애들이 엎드려가지고 춤을 추면서 이게 기생춤인갑다야 뭐 이런 말을 하자 할머니가 너무나 화를 내가지고 그래 그래서 어쨌단 말이고 하면서 참 순수한 사람이고 조용한 분이고 기생을 해도 자기가 뭐 춤을 추고 싶고 악기에 능수능란해서 기생방을 간게 아니라 형제가 아홉명인가 몇 명인가 돼서 그래서 입하나 덜라고 자기 입이라도 덜라고 기생방을 찾아 간 거예요. 그러다보니까 거기에 대한 콤플렉스도 좀 있고 그런 거 같아요. 할머니를 모셔보면 다른 기생들은 다 당당한데요. 되게 당당하거든요. 내가 낸데 하고서는 진짜 예술가의 어떤 기질을 갖고 있는데 할머니는 그렇게 까지 하시진 않았어요. 춤을 가르치는 것도 막 쑥스러워하시면서 "꼭 그걸 이걸 해야 되나 이걸 해가 어쩔라카노"라며 걱정도 많이 하시면서.

김희복 : 오히려 자신이 기생이었던걸 감추고 싶어 하셨나요?

엄옥자 : 네네, "그거 인제 들내가 우짤라꼬" 하시면서 김태현 할아버지한테 막 역정을 내시더라고요. 그니까 "이 사람아 세상이 좋아진 것 같다. 긍께 대학에 졸업하고 유학했던 사람이 와서 이렇게 간곡하게 부잣집 딸이 와가지고 해쌌는거 보면 자네도 운이 트일 수도 안 있겠나 아무말 하지말고 춤을 가르쳐라" 이렇게. 또 할머니는 그때 당시는 우리는 지금

녹음도 있고 문명이 발달되어 가지고 여기도 소리를 해도 되고 우리가 악기를 만져도 되고 하지만 그때 당시에는 딱 한정된 사람들이잖아요. 그러니까 "춤을 대주는데" 춤을 가르쳐주는 걸 대준다고 하는데 "이거는 악을 깨야 된다" 연주를 하는 걸 악을 깬다고, 연주를 하는 사람을 불러와야 된다고 해서 불려온 사람이 아까 춘당(이갑조)할아버지 기생조합장으로 있었다는 그 사람 이갑조 선생님입니다.

김희복 : 이갑조 선생님도 교방에서 권번으로 넘어오지 않습니까? 교방에서도 기녀들이라고 했습니까?

엄옥자 : 아니요. 교방에는 기녀는 기녀인데 관기라고 하죠. 근데 교방과 권번의 차이는 엄청나게 있습니다. 교방에서 있었던 분은 김해근 그분이고 권번은 이국희 정순남이죠.

김희복 : 교방보다는 권번에 오면서 기생들이 예술적 미를 갖게 된 겁니까?

엄옥자 : 그렇죠, 왜냐하면 교방같은 경우는 격을 갖춰야 되니까. 그니까 교방에서는 정재 같은 거를 많이 하거든요. 높은 사람한테 받치는 춤이 되다 보니까 정재 계통을 많이 추고 그 다음에 권번으로 오면은 조금 격이 낮아지잖아요, 완전히 낮아지죠. 교방 저쪽은 완전히 국가기관이라 교방 기녀들인 관기가 있을 수가 있고 권번 같은 경우는 사사로운 일반적인 기녀들이었고.

김희복: 교수님 그렇다면 승전무의 경우, 아무래도 교방에서 이루

어진 춤으로 미루어 볼 때, 정재춤의 형식에 가깝다고 볼 수 있습니까?

엄옥자 : 그거에 대해서는 음악을 끼워 생각하면 쉽지요. 궁중정재 춤에는 꼭 정악이 따라야 하는데, 궁중퇴기들이 지방의 교방에 내려와 춤을 출 때도 정악을 했을 거라고 추측하지요. 그런데 그런 춤이 기방으로 들어 보면 제례악으로 바꾸지요. 그래서 정순남선생님도 칼춤을 출 때도 일반 제례악에 제례복을 입고 했어요. 우리도 승전무를 출 때 민속적 음악과 민속의상을 입죠. 그래서 승전무를 궁정정재춤으로 보지 않고 민속춤으로 받아들이지요. 승전무에 나오는 제례악은 통영지방에만 남아있는 유일한 삼현육각의 제례악 이거든요 국악하는 분들은 삼현육각의 음악을 찾으려고 노력을 많이 합니다.

김희복 : 궁중정재 계통의 춤이 권번으로 흘러 들어와서 어떻게 적응할 수 있습니까?

엄옥자 : 왜냐하면 궁중에서 정재를 추던 관기들이 나이가 되면 19살 되면 퇴실을 해야 하거든요. 퇴기가 되니까. 그런데 기량이 뛰어나고 하면은 좀 더 근무를 할 수가 있는 거예요. 그런데 퇴기가 되면 지방으로 다 흘러나오는 거라. 지방으로 흘러나와 가지고 자기들이 먹고 살기 위해서 개인교습도 하고 잔치에도 불리가고, 무슨 무속판에도 가서 춤도 추고, 노래도 하고 막 이렇게 하고, 뿔뿔히 헤어져서 아까 인

근에 있던 지방에 흩어져 있다는 그게 바로 이 이야기거든
예. 그래 가지고 거기서 춤을 좀 가르치고 해가지고. 이국
희 선생님같은 경우도 우리 엄마를 데려가 춤을 추게 했어
요. 놀아줘야 되는데 우리엄마는 그냥 뻘쭘히 있으니까
우리엄마는 많이 창피하기도 하고 스트레스도 받고 하니
까 춤을 좀 배워야되겠다 해서 모시게 된 게 이국희 선생님
이였어요. 퇴기로 놀고 계시니까 그래가지고 인제 춤을 배
우고 이런 경우도 있고. 또 집안잔치에 불려가 춤도 추이
고 그런 생활을 하는 거죠.

김희복 : 그 당시에 '기생'이라면 미군들하고 놀던 사람을 연상하는 경우도 많아 특히 가정 주부들은 많이 얕보면서 기피하는 분위기들이 있었죠?

엄옥자 : 전혀 아닙니다. 그거는 화초기생!

김희복 : 네, 그건 아닌데 정순남 할머니는 그 시대에 그런 소리도 들리고 하니까 그게 싫으셨는지 모르겠네요.

엄옥자 : 인식도들이 일반사람들의 인식도들이 기생이라면 술 팔고 몸 팔고 하는 사람을 연상하니까 그랬겠죠. 지금도 기생문화에 대해 모르는 사람이 99% 될낀데.

김희복 : 우리나라에는 현재 다양한 살풀이춤의 류파가 있는데 살풀이춤의 보편성과 통영살풀이춤의 특수성은 어떻게 보아야 합나까?

엄옥자 : 살풀이춤의 보편성은 많이 연구되어 있고, 통영살풀이춤

의 특수성은 우선 지역적인 어떤 특수성하고, 지역의 풍수·지리라던지, 풍수 쪽의 경관들이 많이 표현이 되어 있고, 그다음 또 동작들이 많이 특이해 가지고 통영적인 사투리가 주류를 이루고 있고, 춤사위용어가 지방사투리로 표현되어 있고, 그 다음에 춤이 약간 남성적인 기질도 가지고 있으면서 통영의 무속적인 요소나 또 광대놀음의 어우러진 그런 판의 분위기 그런 것들이 많이 표현이 되어 있기 때문에 어느 지역에서도 표현하지 않는 춤이다. 음악에 있어서도 제가 (정순남)할머니한테 "할머니, 살풀이라고는 하지 않고 수건춤, 이런 음악들은 어떻게 연주를 해 가지고 어떤 제목으로 연주를 하느냐" 이랬더니 "그 특별한 것보다 굿거리 느린 장단을 쓰면서 신이 나모 무슨 짓을 몬해". 이러면서 쨍메깽이도 치고 쨍메깽이는 쨍가리를 말하는 거거든요. 쨍메깽이도 치고 뭐 소쿠리도 있으면 엎어서 치기도 하고, 그래 놀았지 특별히 무슨 수건춤이 다 해가지고 음악이 연주가 되고 그러하나, 감미로운 음악들이 연주가 되면 맞춰서 추고, 좀 거칠은 음악이 쨍메깽이치고 이리 놀 때 되면 호적도 불고 별 지랄을 다하면서 놀지 이렇게 이야기 하셨어요. 그래서 내가 그 이야기를 듣고 지금 연주하는 연주팀한테 자진모리를 할 때 빠른 장단을 할 때는 좀 호소력 있고 신명도 나고 하는 호적을 한 번 불어라고 이야기를 해가지고 우리음악에 호적이 들어와 있거든에. 그런 부분은 좀 특징적인 부분이라 볼 수 있죠. 춤사위 용어들을 보면 전부 다 사투리가 많거든요. 재밌어요. 어릴 때는 부끄러웠는데 그렇게 표현을 하니까. 부끄러워가지고 받아하기가 싫었어요. 어릴 때는 그랬는데 생각하니까 그렇게 걸쭉하고 토속적이고 그런 지방색이 짙은 사투리를 가지고 춘 춤이 그렇게 생겼으니 얼마나 좋습니까!

김희복 : 정순남의 선배격인 이국희의 굿거리춤을 통영권번의 레퍼토리를 지금까지도 오롯이 전승하고 있다. 이 레퍼토리라는 것은 입춤 수건춤 이런 것들을 다 포함하는 겁니까?

엄옥자 : 네.

김희복 : 그러면 문화재의 원형과 전형이라는 입장에서 보면 정순남 선생님의 춤을 원형이라 할 수 있습니까? 아직 형태가 만들어진 게 아니지요?

엄옥자 : 정순남 선생님이 가지고 계셨던 건 어디까지나 수건춤이라고 하면서 아까 제가 말씀 드렸듯이 기방에서 기본춤이 있는데 그 춤을 습득을 해서 완숙해지면 그러면 주변에 짧은 수건이 있으면 수건을 가지고 춤을 추면 즉흥적으로 춘다고 해서 즉흥무, 흥겹다 해서 흥무, 서서 춘다고 해 가지고 입춤, 흐트러지게 지 맘대로 춘다고 해서 허튼춤 이런 식으로 제목을 붙여가지고 춤을 추기도 하고 가르치기도 하고 했는데, 살풀이춤은 유독 목태를 하고 있는 수건, 이거를 무구로 삼고 풀어가지고 그냥 싱거운 입춤 이거만 추

는 것보다는 이거를 풀어가지고 그냥 뿌리기도 하고 둘러메기도 하고 흩날리기도 하고, 인제 통영살풀이춤 동작들이 많이 나오기도 하지만 동작들을 보이면서 선생님이 이 춤 제목을 뭐라고 했는가 하면 수건을 들고 한다고 해서 수건춤이라고 한 게 살풀이의 원조가 되는 거죠.

김희복 : 수건춤은 다른 지역에도 있었겠죠?

엄옥자 : 있습니다.

김희복 : 그러면 이때 수건춤을 가지고 춤의 형식으로 발전시키신 분이 교수님이시다 그렇죠?

엄옥자 : 그렇죠. 처음에는 서열이 이국희 선생님한테 굿거리 춤을 배워서 그 굿거리춤을 배운 다음에 정순남선생님의 그 목태로 추었던 수건춤을 제가 또 배웠지요. 그다음에 이매방 선생님이나 또는 한영숙선생님이나 김숙자 선생님들의 살풀이춤의 작품을 습득한 다음에 내 류파로서 발전을 시킨 거죠. 그래서 통영살풀이로 마무리를 지은 거죠. 통영사람이고 제 계보가 통영기녀 이국희로부터 정순남이고, 그러니까는 이제 제 춤이 통영춤으로 자리를 잡게 되었죠.

김희복 : 정형화되지 않고 다소 가변화 될 수 있는 정순남의 수건춤이 엄옥자의 정형화되고 무대화되었다는 표현이 있는데, 무대화는 일단 공연으로 말씀드릴 수 있겠는데 정형화 되었다는 것은 어떻게?

엄옥자 : 마무리가 잘 되었다는 거죠.

김희복 : 마무리가 형식이라든지 음악이라든지 이런 것들을 말씀하시는 겁니까?

엄옥자 : 예.

김희복 : 이렇게 하시는 과정에서 여러 가지 어려움이 있지 않으셨습니까?

엄옥자 : 세월이 좀. 그리고 경제적인 거, 시간적인 거, 그다음에 인제 뭐 여러 가지 그런 여건들, 그런 거를 다 헤쳐 나가면서 여기까지 온 거죠.

김희복 : 그러면 정형화 된 것은 대개 언제 시점으로 볼 수 있습니까?

엄옥자 : 1993년도에 원향이라는 제의 호를 따가지고 이름붙인 원향살풀이춤이라고 보아야지예.

김희복 : 이것을 통영살풀이춤의 원형으로 봐야 합니까?

엄옥자 : 솔직하게 고백을 하면 그 춤이 이매방 선생님 살풀이, 한영숙 선생님 살풀이 그다음에 김숙자 선생님 도살풀이 김백봉 선생님의 즉흥무 이런 춤들에 어떤 중요한 제가 즐겨 출 수 있는 그런 액기스들만 뽑아서 제 원향춤에 삽입을 했지만 세월을 거듭하면서 정순남 선생님이 추던 춤을 살리고 그렇게 해서 내화시켜서, 내 호를 붙여 원향춤이라고 춰서 모두 전국적으로 이름도 많이 났었고, 굉장히 유명세를 탔죠. 그래서 내 원향살풀이에도 정순남 선생님의 동작을 주된 바탕으로 다 끄집어 낼 건 다 끄집어내고 기억할 건 모

조리 기억해서 정립한 거죠.

김희복 : 제가 볼 때 누군가가 문화재의 원형과 전형이라는 말을 쓰던데, 원형은 정말로 민속 자체로서 하던 거고, 그것이 시대에 맞게 대중화하고 무대화하는 식의 예술성을 가미한 전형으로 문화재 지정을 한다는 얘기를 들었습니다만…?

엄옥자 : 제도상으로 그렇게 하고 있습니다. 제도상으로. 그것 때문에 논란이 많았는데 그럼 문화재청이 무엇 때문에 존재할 것이며, 문화재 위원들이 뭣 때문에 있을 것이며, 그러면 등록은 누가 그렇게 할라 하겠노, 원형을 지키지 않으면은 그랬는데 지금은 그게 무너져가지고 그래가지고 시대도 바뀌고 어느 정도 전통적인 원색이 있는 원형들은 어느 정도 보유하고 있을 만큼 보유하고 있으니까 거기서 멈출 수가 없다. 발전시켜야 된다. 그런 의미에서 그렇게 된 거죠. 통영살풀이춤을 제 호를 따서 원향살풀이춤이라고 한 것도 그런 식으로 보면 될겁니다. 정순남할머니로부터 받은 춤을 중심으로 정립한 춤이 통영살풀이춤이고 변지연은 그것을 계속 추어 왔고, 원향살풀이는 공연에 맞게 정형화 했지만 통영살풀이와는 90%정도 비슷한 데, 그냥 내 호가 원향이라 그리 이름을 불렀을 뿐이에요.

김희복 : 그렇다면 원향살풀이춤과 함께 통영살풀이춤보존회를 중심으로 변지연 선생님이 전승받고 지금도 지속적으로 교육하는 핵심적인 춤은 정순남선생님으로부터 전수받은 정

통적인 통영살풀이춤으로 인정하시는 것으로 이해해도 되겠군요.

엄옥자 : 맞아요. 굳이 말하면 원형과 전형을 모두 완벽하게 잘 표현하고 있는 거로 보죠.

김희복 : 그러면 통영살풀이춤 안에 원향살풀이춤이 있다는 것으로 받아들여도 되겠군요.

엄옥자 : 그렇죠, 항상 그렇게 해왔습니다. 통영살풀이로 정립을 하면서 다른 선생님들의 그런 여러 가지 요소들을 제거하고 정순남 할머니 춤동작들을 위주로 하면서 내가 시대에 어느 정도 부합할 수 있는 정성을 들였다. 아까. 그런 기분으로 말하자면 전형을 시켰다. 그렇게 하면 됩니다.

김희복 : 네 잘 알겠습니다. 오늘 오랜 시간 말씀을 통해 통영살풀이춤의 발굴과 전승 과정에서 교수님의 노고가 얼마나 커셨는가를 잘 알 수 있었습니다. 앞으로도 통영살풀이춤 뿐만 아니라 부산경남지역의 민속춤을 위해 더욱 큰 일을 계속해 주시고 건강도 잘 유지하시기를 바랍니다. 감사합니다.

참고문헌

논문

강여주, "살풀이 춤 이수자의 무용경험에 관한 문화기술적 연구", 연세대학교 대학원 석사학위논문, 2003.

강인숙, "무형문화재법 변화에 따른 무용 무형유산의 조사 방안", 「무형유산학술지」, 창간호, 2016.

김용철, "20c 한국춤의 원형적 변화와 가치인식에 관한 연구", 세종대학교 대학원 박사학위논문, 2007.

김윤희, "살풀이 춤 체험의 해석학적 현상학 연구, 움직임의 철학", 「한국체육철학회지」, 10권 1호, 2002.

김지혜, "살풀이춤의 위상_사회적 과정을 中心으로", 이화여자대학교 국제대학원 석사학위논문, 2012.

백경우, "이매방춤 역학적 분석 승무·살풀이춤·입춤", 성균관대학교 대학원 박사학위논문, 2011.

엄옥자, "영남검무의 춤사위연구", 경희대학교 석사학위논문, 1973.

양지선, "영남우도 교방연향에 나타난 교방춤의 의의", 「무형유산학술지」, 제3호, 2017.

양혜정, "도살풀이춤 수행 시 나타나는 신명 체험에 관한 현상학적 연구", 연세대학교 대학원 석사학위논문, 2013.

이왕진, 진주검무·통영검무의 비교연구, 중앙대학교 교육대학원 석사학위논문, 1997.

이원경, "근대 살풀이춤의 변천 과정", 연세대학교 교육대학원 석사학위논문, 2003.

이주연, "살풀이춤의 전승에 관한 연구", 숙명여자대학교 전통문화예술대학원 석사학위논문, 2000.

정다운, "살풀이춤에 내재된 표현정서와 체험정서의 구조", 성균관대학교 대학원 박사학위논문, 2012.

정말숙, "한국전통춤의 정신세계에 관한 연구", 동아대학교 대학원 박사학위논문, 2009.

정영수, "이매방류 살풀이춤 문화재적 가치연구", 상명대학교 문화기술대학원 석사학위논문, 2016.

정지윤, "살풀이춤에 내재된 민족정서와 실체비교를 통한 전승가치 인식에 관한 연구", 세종대학교 대학원 박사학위논문, 2013.

최태선, "한성준 살풀이춤의 형성과 전승_한영숙·강선영의 춤을 중심으로", 한국예술종합학교 예술전문사과정 예술전문사논문, 2006.

단행본

국립문화재연구소, 「중요무형문화재 제97호 : 살풀이춤」, 1998.
엄옥자, 「중요무형문화재 제21호 승전무의 실상」, 한컴디자인, 2008.
엄옥자, 「승전무」, 국립문화재연구소, 2004.
통영시사편찬위원회, 「통영시지」, 울산·경남인쇄공업협동조합, 1999.

기타자료

엄옥자가 보유한 음향자료, 1967.
엄옥자가 소장한 사진 자료 다수.
정순남과 서국영(당시 부산대교수)의 대담녹화테이프, 1977.
통영문화원, 승전무(북춤,칼춤) 학술세미나 자료, 1997.

엄옥자의 통영살풀이춤

부 록

1. 엄옥자의 인적·경력사항

성명 엄옥자
생년월일 1943년 5월17일
본적 경상남도 창원시 내서면 합성리
주소 경상남도 통영시 봉수로86 봉평아파트 1동 304호

학력 및 사사

1961.02.23   경남 통영여자고등학교 졸업
1965.02.25   경희대학교 체육대학 체육학과(한국무용전공) 졸업
1974.02.23   경희대학교 대학원 체육학석사(한국무용) 학위취득
1965 ~ 2019 현재 통영살풀이춤 입문활동경력(53년)
1953 ~ 1955   故 이국희선생 춤사사.
1965 ~ 1971   김백봉춤사사
1966 ~ 1974   故 정순남선생 춤사사
1970 ~ 1972   故 이매방선생 춤사사
1980 ~   故 한영숙춤 사사
1987 ~   故 김숙자춤 사사

수상경력

1967. 제8회 전국민속예술경연대회 '승전무' 문공부장관상
1970. 제11회 전국민속예술경연대회 '승전무' 공로상
1971. 제12회 전국민속예술경연대회 '승전무' 문공부장관상
1972. 제3회 아세아국제예술대회무용작품지도상
1973. 부산시 교육감 무용공로상 공로상
1981. 미국 시카고 렌싱대학총장(필립재이케논총장) 감사장
1984. 제16회 전국민속경연대회 경남예선 '검무' 우수상
1984. 제25회 전국민속예술경연대회 '검무' 문공부장관상
1989. 미국 LA시장(톰부레드리 시장) 감사장 '승전무'
1991. 부산직할시 여성체육분과위원회 김영환 이사 위촉패
1992. (사)벽사춤 아카데미 공로 표창
1992. 92 춤의 해 운영위원회 감사패
1993. 캐나다 듀르몬빌 몬디엘 축제위원장 감사장
1994. 제32회 프랑스 피레네 축제위원장 감사장
1994. 스페인 알만드랄레오 뻬아블랑카 축제위원장 감사패
1994. 포르투갈 축제위원장 감사장
1994. 부산포 축제 참가 부산시장 감사장
1994. 동국예술기획대표 감사패
1995. 한산대첩 기념제전 로타리클럽 감사패
1996. 폴란드 축제위원장 감사패 위원장
2001. 제4회 부산방송 PSB 문화대상 수상
2002. 제8회 아시아, 태평양 장애인 경기 개·폐막식 총괄 안무 대통령 포상
2005. 제4회 부산광역시 문화상 수상
2008. 송공패, 부산대학교 총장

2016. LA한인처 감사장

2018. 자랑스런 통영여성상

공연 및 활동경력

국내공연

1966.　승전무 정기발표공연, 지방공연, 이충무공 탄신기념제 헌무, 한산대첩 기념제전 등

1967.07.　박정희대통령 취임식 축하공연 [승전무]

1969.06.　엄옥자의 춤 살풀이춤 출연 통영세병관

1970.　　한성여대 무용과 정기공연 [승전무] (부산동주여상 강당)

1971.12.　한성여대 무용과 정기공연 [통영검무 여명]안무지도 (부산동주여상 강당)

1975.12.　부산여자대학 무용과 정기공연 [사모곡], [승전무] 안무지도 (부산시민회관)

1978.04.　제1회 영·호남 민속예술제전 [승전무] (부산시민회관 대강당)

1981.07.　미국 시카고 렌싱대학 초청시연회 한국전통무용발표회 [살풀이춤], [승전무], [별신굿] (부산시민회관 대강당)

1981.10.　중요무형문화재[통영오광대], [승전무] 발표공연 (충무시 문화동 소재 세병관)

1982.09.　제15회 전통예술의 밤 엄옥자전통춤 초청공연 살풀이춤 출연(서울공간사랑)

1983.11.　제3회 전통예술제 초청 엄옥자춤판 [승전무, 살풀이춤출연] (부산카톨릭센타)

1983.04.　(사)한국무용연구회 전통무용워크샵 및 공연 [통영검무] (국립극장실험무대)

1984.11. 부산KBS [통영검무]소개 (부산KBS홀)

1984.11. 제56회 무형문화재 정기공연 초청 엄옥자춤 [승전무] (서울국립극장 소극장)

1986.04. (사)한국무용연구회 제2회 한국무용제전 [학살이]안무출연 (서울문예회관)

1986.06. 엄옥자 [학살이], 김온경 [곡두질]공연 (부산시민회관)

1987.05. (사)한국무용연구회 제3회 한국무용제전 [들ㅎ] 안무 (서울문예회관)

1987.06. [학살이], [달ㅎ]연무회의 춤 (부산산업대학교콘서트홀)

1988.03. 한국전통무용을 중심으로 엄옥자춤판 살풀이춤출연 (부산산업대학교 콘서트홀)

1988.04. 김미숙의 춤 [통영검무] 특별출연 (도레미소극장)

1989.10. 연무회 춤판 안무 및 지도 (동래금강원 민속관 놀이마당)

1990.04. 연무회 춤판 (동래금강원 민속관 놀이마당, 해운대 솔밭 놀이마당)

1991.10. 제22회 중요무형문화재 발표공연-인간문화재 대향연 (한국의집 민속극장)

1991.11. 제1회 전통춤 5인전 [살풀이춤] (부산문화회관 대강당)

1992.11. 송년통영예술제 [승전무] (부산문화회관 소강당)

1992.05. 프랑스 피레네 국제민속무용페스티벌참가 자축공연 살풀이춤출연 (부산시민회관 대강당)

1992.05. 전통춤 5인전 출연 [살풀이춤], [학춤] (서울문예회관 대극장)

1992.06. 김수악 국악 60주년기념 출판 [살풀이춤] 찬조출연 (서울예술의전당)

1992.10. 토요상설무대 김온경의 춤 [통영검무] 찬조출연 (부산문화회관 소강당)

1992.11. 창무예술원 개관 초청공연 [살풀이춤] (서울포스트극장)

1992.11. 제2회 전통춤 5인전 [태평무] (부산문화회관 대강당)
1992.11. 한민족 춤 제전 [통영검무] (서울문예회관 대극장)
1992.12. '92 송년 통영예술제 [산조], [통영검무] (부산시민회관 소극장)
1992.12. 토요상설 부산무용협회의 춤판 [살풀이춤] 특별출연 (부산문화회관 소강당)
1993.04. 부산문화회관 전관개관 기념예술제 한국춤 6인전 [살풀이춤] (부산문화회관 중강당)
1993.11. 제3회 전통춤 5인전 [산조춤] (부산문화회관 대강당)
1993.11. 캐나다 쥬르몬빌몬디엘민속축제 참가기념 엄옥자한국민속무용단 살풀이춤 출연 (부산시민회관 대강당)
1993.12. 부산예술학교 설립축하공연 [열림굿] (부산문화회관 대강당)
1994.04. '우리소리 우리 멋을 찾아서' 팔도명무 큰 무대 [태평무] (부산문화회관 중강당)
1994.04. 부산전통춤 초청공연 [태평무] (울산KBS홀)
1994.04. 부산문화회관 전관개관 1주년기념 팔도명무큰대회 [태평무] (부산문화회관 중강당)
1994.05. 전통춤 5인전 [태평무] (경남문화예술회관 대공연)
1994.06. 홍복순의 춤 [태평무] 특별출연 (부산문화회관 중강당)
1994.06. 94 국악의 해 한·중·일 문화예술교류 [태평무] (부산문화회관 중강당)
1994.09. 서울 춤 아카데미 부산무용공연 [열림굿], [태평무] (부산문화회관 대강당)
1994.10. 부산포축제 [승전무] (해운대백사장 가설무대)
1994.10. 엄옥자 한국민속무용단 살풀이춤출연 토요상설무대 초청공연 (부산문화회관 중강당)
1994.11. 제4회 전통춤 5인전 [승무] (부산문화회관 중강당)
1994.11. 열네번째 명인전 [살풀이춤] (서울연강홀)

1994.11. 변지연 전통춤 [태평무] 특별출연 (부산문화회관 중강당)

1995.01. 김백봉 춤 수련회 열린춤판 [통영검무] (경주콩코드호텔 대연회장)

1995.10. 한산대첩기념대전 [승전무] 공연 (한산도 제승당)

1995.11. 한민족 한국춤제전 '광복 50주년 기념' 자선대공연 [살풀이춤] (부산문화회관 대강당)

1995.11. 제10회 진주시립무용초청 [승전무], [태평무], [열림굿], [태평성대] (경상남도 문화예술회관 대공연장)

1996.01. 김백봉 춤수련회 열린춤판 [살풀이춤] (경주교육문화회관)

1996.04. 96 한국무용제전 전야제 [살풀이춤] (서울문예회관 대극장)

1996.05. 중요무형문화재 제21호 [승전무] 정기공연 (통영시청 회의실)

1998.05. 청소년을 위한 우리춤마당 엄옥자의 춤 세계 살풀이춤출연 (대전 평송 청소년수련원 소강당)

1998.08. 건국50주년기념 [승전무] 축하공연 (통영문화예술회관)

1998.09. 강화자무용단 정기공연 [승무] 특별출연 (울산문화예술회관)

1998.09. 경주세계문화엑스포 [승전무] (경주보문단지 엑스포장)

1998.09. 제2회 경주문화엑스포 [검무] (경주처용마당특설무대)

1998.10. 제28회 승전무 발표공연 (통영강구안 문화마당)

1998.10. 진주개천예술제 실크와 춤의 만남 (진주문화예술회관)

1998.12. 98 토요상설무대 [태평무] 출연 (부산문화회관 소강당)

1999.04. 열일곱번째 한국의 명무 명인전 [원향살풀이 춤] (서울호암아트홀)

1999.04. 창립 4주년 문화와 환경을 생각하는 여성회 [태평무] 출연 (부산 코모도 충무홀)

1999.05. '우리춤, 우리가락 한마당' 엄옥자무용단 [원향살풀이춤] (국립대구박물관 강당)

1999.05. 99 한국불교예술대전 인간문화재 엄옥자의 춤 [원향살풀이춤]

(경주엑스포행사장)

1999.05. 이경화의 춤 [태평무] 특별출연 (부산경성대학교 콘서트 홀)

1999.05. 99 한국불교예술대전 이경화전통춤 [태평무] 특별출연 (경주엑스포행사장)

1999.05. 토요상설부산문화회관 초청 명무명인전 [원향살풀이춤] 출연 (부산문화회관 중강당)

1999.06. 경희대학교 개교 50주년 경희동문춤제전 [원향살풀이춤] (서울 KBS홀)

1999.06. 제1회 삼부파이낸스컵국제체조선수권대회 개막식 축하공연 [승전무], [농악], [부채춤] (부산사직실내체육관)

1999.09. 제29회 중요무형문화재 제21호 [승전무] 발표공연 (통영강구안 화마당)

2000.06. 2000토요상설무대 부산의 명무 [태평무] (부산문화회관 중강당)

2000.06. 세계무용의 원류 인도쿠티야탐 무용단 [원향살풀이춤] 초청공연 (김해칠암 문화원)

2000.07. 열아홉번째 제11주년 2000한국명무명인전 [원향살풀이춤] (울산 KBS홀)

2000.07. 김온경겹사위무용단 명무와 할미광대 [원향살풀이 춤] 특별출연 (부산문화회관 대강당, 동래문화회관 대강당)

2000.08. 스무번째 한국명무명인전 [태평무] (부산금정문화회관 대공연장)

2000.09. 벨기에 귀국초청공연 엄옥자한국민속무용단 [원향살풀이춤] (창원성산아트홀)

2000.10. 2000 안동국제탈페스티벌 참가 [승전무] (낙동강변 축제장, 하회마을)

2000.10. 2000 경남 명인명무 한마당 [승전무] (창원성산아트홀 야외특설무대)

2000.11. 국제아트페스티벌 초청공연-해운대구민을 위한 엄옥자한국민

	속단공연 (부산해운대올림픽공원)
2000.12.	카톨릭자선공연 제1회 명인・명무초청 자선공연 [태평무] (부산 KBS홀)
2000.12.	강화자울산무용단 [태평무] 특별출연 (울산문화회관 소공연장)
2000.12.	스무두번째 한국명무명인전 [태평무] (부산문화회관 중강당)
2000.12.	스무두번째 한국명무명인전 [태평무] (광주문화예술회관 대극장)
2001.05.	전통민속공연 [승전무] (통영문화마당)
2001.05.	우리춤 어제와 오늘의 대화 [원향살풀이춤] (정동극장)
2001.06.	스무네번째 한국명무명인전 [원향살풀이춤] (울산문화예술회관 대공연장)
2001.07.	강화자 무용단 정기공연 [원향살풀이춤] (울산 문화예술회관 소공연장)
2001.10.	중요무형문화재 제21호 승전무 초청공연, 제82회 전국체육대회 팔도한마당 축제 [칼춤], [북춤] (천안시 종합운동장 내 특설무대)
2001.10.	제47회 백제문화재 중요무형문화재 발표공연 (공주시 공산성)
2001.10.	제31회 승전무 발표공연 (통영 강구안 문화마당)
2001.11.	스무다섯번째 한국명무명인전 [태평무] (한국소리 문화의전당 연지홀)
2002.02.	스무여섯번째 한국명무명인전 [원향살풀이춤] (한전아츠풀센터)
2002.03.	스무일곱번째 한국명무명인전 [원향살풀이춤] (한전아츠풀센터)
2002.04.	현불사 99재 회향을 위한 엄옥자한국민속무용단 공연 [원향살풀이춤] (강원도 태백시 현불사)
2002.05.	남도소리 상설공연 명무전 [원향살풀이춤] (광주문화예술회관 소극장)
2002.05.	한국의 명창 명인 풍류한마당 [원향살풀이춤] (창원성산아트홀 대극장)
2002.06.	월드컵 [승전무] 공연

2002.09. 스무여덟번째 한국명무명인전 [원향살풀이춤] (제주도 문예회관 대극장)

2002.09. 아시아문화박람회 엄옥자한국민속무용단 [승전무] (부산 전시 컨벤션 센터)

2002.09. 2002 아시아게임 문화축전 춤과 소리의 총체무극 [허황후] (부산 문화회관 대극장)

2002.10. 한국민속무용단 공연 [원향살풀이춤] (강원도 태백시 현불사)

2002.10. 2002 전통춤의 맥을 찾아서 [원향살풀이춤] (성산아트홀 소극장)

2002.10. 제8회 아·태 장애인 개막식 총괄안무

2002.11. 제8회 아·태 장애인 폐막식 총괄안무

2002.11. 제22회 승전무 발표공연 (시민문화회관 대극장)

2002.11. 스물아홉번째 한국 명무명인전 [태평무] (KBS울산홀)

2002.12. 엄옥자의 원향춤 [노실고개 해당화] (부산문화회관 대극장)

2003.02. 찾아가는 문화재 공연 [승전무]

2003.03. 진해군항제 전야제 [승전무]

2003.04. 서른번째 한국의 명인명무전 [원향살풀이춤] (호암아트홀)

2003.05. 서른한번째 한국의 명인명무전 [원향살풀이춤] (부산문화회관 대극장)

2003.06. 제185회 국립국악원 목요상설 "젊은감성열린공간" 손인영의 춤 [통영검무] 특별출연

2003.08. 유니버시아드 [승전무]

2003.09. 제18회 한국무용제전 [승전무] 초청공연 (부산문화회관 대극장)

2003.09. 이정화 전통춤 [태평무] 특별출연 (부산 금정문화회관 소극장)

2003.10. 현불사 9.9제 회향무용 공연 특별출연 [원향살풀이춤] (현불사 영령탑)

2003.11. 「가·무·악」의 풍류한마당 [살풀이춤] (거제문화예술회관)

2003.11. 엄옥자교수 이순(耳順)기념 공연 [칼의 노래를 넘어서] (부산문

화회관 대극장)

2003.12. 승전무 정기공연 (통영시민회관 대극장)

2003.12. 산·바다·해 창단연주회 [원향살풀이춤] 특별출연 (부산문화회관 중강당)

2003.12. 부산대학교 평생교육원 한국무용교실 「원향춤연구발표회」[원향살풀이춤](금정문화회관 대극장)

2004.01. 국립부산국악원 설립기념 신년음악회 춤과 시나위 [원향살풀이춤] (부산시민회관 대강당)

2004.03. '2004'변지연무용단의 '맥'공연 [태평무] 특별공연 (부산문화회관 중강당)

2004.04. 서른세번째 한국의 명인명무전 [원향살풀이춤] (호암아트홀)

2004.07. 백선희춤 [태평무] 특별출연 (부천시 복사골목문화센터 아트홀)

2004.10. 서른다섯번째 한국의 명인명무전 [원향살풀이춤] (부산문화회관 대극장)

2004.10. 통영탄생 400주년 기념 초청공연 [칼의 노래를 넘어서] (통영시민문화회관 대극장)

2004.11. 산·바다·해 제2회 정기연주회 춤과 음악의 만남 [원향북춤](금정문화회관 대극장)

2004.12. 2005 APEC 성공기원을 위한 삼광사 동지 예술제 [원향북춤](삼광사 지관전 문화예술회관)

2005.02. 서른여섯번째 한국의 명인명무전 [태평무] (울산문화회관)

2005.04. 서른일곱번째 한국의 명인명무전 [원향살풀이춤] (호암아트홀)

2005.05. 제44회 아산 성웅이순신 축제 [통영검무] (현충사)

2005.05. 부산대학교 개교59주년 기념 평생학습 문화축제 [승전무] (부산대학교 인덕관)

2005.06. 제17회 익산시립무용단 정기공연 영·호남 만남의 춤 [허튼춤], [원향살풀이춤], [원향칼춤] (솜리문화예술회관 대극장)

2005.06. 옥포대전 413주년 기념공연 옥포해전과 불멸의 이순신 [칼의 노래를 넘어서] (거제문화예술회관 대극장)

2005.07. 제2회 부산대학교 평생교육원 원향춤 공연 (영도등대해양문화공간)

2005.09. 제4회 평생학습축제 [승전무] (광명실내체육관 야외 특설무대)

2005.09. 2005 토요예인전 박병천, 엄옥자, 채상묵의 춤 [태평무, 원향살풀이] (국립민속국악원 예원당)

2005.10. 제44회 탐라문화재 서귀포예술제 [승전무]

2005.10. 마흔번째 한국의 명인명무전 [원향살풀이춤](동래문화회관 대극장)

2005.11. 마흔한번째 한국의 명인명무전 [원향살풀이춤] (대전문화예술의전당 아트홀)

2005.11. 제35회 승전무 발표공연 및 우리춤의 향연 (통영시민문화회관 대극장)

2006.02. 마흔두번째 한국의 명인명무전 [원향살풀이춤] (국립국악원 예악당)

2006.02. 마흔세번째 한국의 명인명무전 [원향살풀이춤] (김해문화의전당)

2006.04. 마흔네번째 한국의 명인명무전 [원향살풀이춤] (금정문화회관 대극장)

2006.05. 2006 금요상설 국악원공연 "한국의 명인 명무전" 초청공연(국립남도국악원 대극장 진악당)

2006.05. 제5회 진주 논개제 "진주민속예술을 찾아서" 명인명무전 [원향살풀이춤] (진주성야외공연장)

2006.05. 2006년 무천무용단 한·중 민속춤 교류전 [태평무] (창원성산아트홀 대극장)

2006.05. 한국 전통춤을 한자리에 [태평무] (대구봉산문화회관)

2006.05. 김진홍의 춤... 그 먼길 [태평무] (부산문화회관 대극장)

2006.06. 마흔여섯번째 한국의 명인명무전 [원향살풀이춤] (청주예술의전당 대공연장)

2006.07. 2006년 부산 버슴새 기획공연 우리소리 우리몸짓 그리고... 흥과 멋 [원향살풀이춤]

2006.08. 마흔일곱번째 한국의 명인명무전[원향살풀이춤] (대구시민회관 대극장)

2006.09. 불우이웃돕기를 위한 기금마련 공연 원향 엄옥자 교수특별초청 공연 [원향살풀이춤] (통영시민문화회관 대강당)

2006.09. 부산시 문화상 수상기념 명무명인 엄옥자 원향 춤 [원향살풀이춤] (부산문화회관 대강당)

2006.11. 제36회 승전무 발표공연 및 우리춤의 향연 (통영시민문화회관 대극장)

2006.12. 제4회 2006年 KOREA 名舞展 [원향살풀이춤] (국립국악원 예악당)

2006.12. 김계화 선생님을 그리워하며... 제51회 한국의 명인명무전 [원향살풀이춤] (울산KBS홀)

2007.01. 구민을 위한 신년맞이 대향연 김지원의 춤 [태평무] (서대문문화회관 대극장)

2007.03. 2007 한・일 국제학술심포지움 아시아 전통연희의 연행미학 -신명과 숨- 승전무의 형태와 빛깔 발제 및 발표공연 [검무]

2007.03. 제52회 한국의 명인명무전 [원향살풀이춤] (국립국악원 예악당)

2007.03. 한국 현대미술의 거장 전혁림특별전 [원향살풀이춤] (통영시민문화회관 대전시실)

2007.04. 제46회 아산 성웅이순신 축제 [통영검무] (현충사)

2007.05. 최윤자의 춤 [태평무] (부산문화회관 중극장)

2007.05. 제53회 한국의 명인명무전 [태평무] (옥포문화예술회관)

2007.06. 경상대학교 10주년 기념 민속무용학과공연 [태평무] (창원성산 아트홀 소극장)
2007.06. 경상대학교 민속무용학과 10주년 기념공연 [태평무] (진주문화예술회관 대극장)
2007.06. 제54회 한국의 명인명무전 [원향살풀이춤] (울산문화회관)
2007.06. KBS여성대학 [원향살풀이춤] (부산KBS홀)
2007.09. 제55회 한국의 명인명무전 [원향살풀이춤] (부산문화회관 대극장)
2007.10. 제56회 한국의 명인명무전 [태평무] (통영시민문화회관)
2007.10. 제57회 한국의 명인명무전 [태평무] (진도문화예술회관)
2007.11. 제37회 승전무 발표공연 (통영시민문화회관 대극장)
2007.11. 제58회 한국의 명인명무전 [원향살풀이춤] (광주문화회관)
2007.12. 김미숙의 춤 [원향살풀이춤] (국립국악원 예악당)
2008.01. 통영 재부향우회 [원향살풀이춤] (부산일보 강당)
2008.03. 제60회 한국의 명인명무전 [원향살풀이춤] (국립국악원 예악당)
2008.05. 명인명무전 【원향살풀이춤】 (대구봉산문화회관-대극장)
2008.06. 제62회 한국의 명인명무전팔인팔색살풀이전 【원향살풀이춤】 (전주문화회관-대극장)
2008.06. 부산대학교 정년퇴임기념공연 「봉황되어 춤을 추리」(부산문화회관-대극장)
2008.06. 명인명무전 【원향살풀이춤】 (국립국악원예악당-대극장)
2008.09. 제63회 한국의 명인명무전 【원향살풀이춤】 (대전문화회관-대극장)
2008.09. 2008전통음악축제 【승전무】 초청 (마산3.15아트센터-대극장) 중요무형문화재 제21호
2008.12. 제64회 한국의 명인명무전 【태평무】 (부산동래문화회관-대극장)
2008.12. 인간문화재 상설 명인명창공연 【승전무】

2008.12. 제65회 한국의 명인명무전 【원향살풀이춤】 (목포문화예술회관
-대극장)

2009.03. 제66회 한국의명인명무전 【원향살풀이춤】 (목포문화예술회관-
대극장)

2009.04. 국립부산국악원 창단공연 '천년화가 움트고'(국립부산국악원-연
악당)

2009.04. 팔도팔색 살풀이춤 (익산문화예술회관대극장)

2009.09. 제68회 한국의 명인명무전 【원향살풀이춤】 (국립부산국악원-
연악당)

2009.09. 국립부산국악원 화요공감무대 김진홍의 춤 '대물림의 향기' 【태
평무】 (국립부산국악원-예지당)

2009.12. 국립부산국악원 무용단 정기공연 '영남춤의 돛을 달고'(국립부
산국악원-연악당)

2009.11. 제70회 한국의 명인명무전 [원향살풀이춤] (국립국악원 예악당)

2012.03. 한국의 명인명무전 원향살풀이춤 출연 (주최 : 동국예술기획)

2012.05. 진주의암제 한국의 명인명무전 원향살풀이춤 출연

2012.07. 두리춤터의 '테마가 있는 한국춤 시리즈 제7테마 무형문화재춤
으로 보는 한국전통춤의 흐름 [원향살풀이춤]

2015.04. 국립부산국악원제16회 화요공감무대원향춤판 "으아린 버선발
로 젖겨드랑 곱사위마루" 승전무, 원향살풀이춤 출연

2015.05. 부산시립무용단 제72회 정기공연 및 부산문화회관특별기공연
"오래된 미래" 원향지무출연

2015.09. 아시아민속춤시리즈VIII 춤으로 만난 아시아 한국대표 (통영기
방입춤출연)

2015.09. 부산춤의 텃밭을 일군 사람들 부산예술회관공연장

2015.09. 2015 통영국제음악재단 통영국제음악당 블랙박스 기획공연 통영
전통을 담은 소리III 원향살풀이춤 원향허튼춤 출연 및 재구성

2015.11. 제45회중요무형문화재 제21호 승전무발표공연 및 우리춤의 향연 (통영시민문화회관 대극장)

2016.07. 2016 여현주 도살풀이춤정기발표회 승전무출연 및 재구성 (성산아트홀소극장)

2016.10. 제92회 사천시민과 함께하는 한국의 명인명무전 통영기방입춤, 원향살풀이춤, 동래허튼춤 출연 (사천시 문화예술회관 대극장)

2016.10. The 11th Annual Korean-American Cultural Arts Festival 원향살풀이춤출연 LISNER AUDITORIUM

2016.11. 제46회 중요무형문화재 제21호 승전무발표공연 및 우리춤의 향연 북춤, 동래허튼춤, 통영기방입춤, 검무출연 및 재구성 (통영시민문화회관 대극장)

2017.01. 한국-베트남 문화교류 국가지정문화재 제21호 승전무 북춤, 검무, 화조풍월 출연 및 구성지도 (DANANG THE FIELD CONCERT HALL)

2017.05. 창립28주년기념 제95회 한국의 명인명무전 원향살풀이춤 (국립극장 달오름)

2017.06. 호남살풀이춤과 팔도살풀이춤의 만남 원향살풀이춤 구성 및 출연 국립무형유산원 (얼쑤마루대공연장)

2017.09. 문장원 탄생 100년 타계5주 춤의 문장원 원향살풀이춤 (한국문화의집 KOUS)

2017.11. 제47회 사단법인 국가무형문화재 제21호 승전무발표공연 및 우리춤의 향연 북춤, 월풍화애, 동래야류과장중 할미과장, 검무 출연 및 재구성 (통영시민문화회관 대극장)

2017.12. 춤으로 갈무리하다 원향살풀이춤 초대 (국립부산국악원 연악당)

2018.05. 제3회 예인예술제 원향살풀이춤 (부산예술회관공연장)

2018.05. 박성호무용단 춤탈극 '박타령' 예술감독(부산민속예술보존회송유당)

2018.07. 박성호무용단 춤탈극 한량 예술감독 (부산민속예술보존협회 송유당)
2018.07. 박성호무용단 인도 민속페스티발 한국대표 무용단 단장 주최 (뉴델리민속축제위원회)
2018.07. 원향춤보존회 어화둥둥, 춤이여라 원향이어라 출연 (통영살풀이춤)
2018.12. 박성호무용단 동래별장전Ⅰ 고풍-예스러운 풍취 원향지무출연 (부산민속예술보존협회 송유당)
2019.03. 발리 우리춤의 향연 통영살풀이춤공연
2019.03 제100회 한국의 명인명무전 (국립국악원 예악당) 통영살풀이춤

국외공연

1979.01. 일본기독교 대중신문초청무용공연 오사카, 나라시 동경 N.H.K.A 방송국
1981.07. 한국전통무용공연 미국시카고 렌싱대학초청
1989.01. 한국전통무용의밤 윌셔이벨극장 L.A-부산 자매도시 위원회
1989.01. 엄옥자 춤 공연 켈리포니아대학극장 L.A-부산 자매도시 위원회
1991.01. 엄옥자춤판 인도네시아 발리주정부초청
1991.01. 한국춤의 밤 한국상공인날 기념공연 홍콩한국영사관
1991.04. 엄옥자춤 한·일 불교문화 국제교류협회초청 동경한일회관
1992.07. 제30회 피레네국제민속무용페스티벌 엄옥자한국민속무용단초청 13개지역 30회공연
1992.11. 일본 대마도 전통예능대회 한국전통무용 "태평무"초청공연
1993.04. 러시아 하바르브스크, 블라디보스톡 대한민국 총영사관 개관기념 초청공연 뮤지컬코메디극장, 연해주 막심고르끼드라마극장
1993.07. 제11회 듀르몬빌 몬디엘 세계민속축제 엄옥자한국민속무용단

　　　　　초청
1994.07. 제32회 피레네 국제민속무용페스티벌 엄옥자한국민속무용단초청13개지역 18회공연
1994.07. 스페인 알만드랄레오, 뻬아블랑카축제 엄옥자한국민속무용단초청
1995.09. 일본 다마노시 공연 중요무형문화재 제21호 승전무 초청
1996.07. 이태리 Unione Folcldrica 엄옥자한국민속무용단초청
1997.05. 일본 오짜노미즈여자대학교 생체역학분석연구실 학술세미나 및 공연 초청
1997.07. 한국부산시-러시아블라딕보스톡시 자매결연5주년기념공연 러시아블라딕보스톡시, 연해주 막심고리끼드라마극장
1997.07. 제3회 중국 영선어민제 엄옥자한국민속무용단 초청 (영선극장, 영선공설운동장, 석도극장)
1997.08. 폴란드 국제민속무용페스티벌 엄옥자한국민속무용단 초청
1998.06. 폴란드, 체코, 우크라이나 페스티벌 엄옥자한국민속무용단초청
1998.08. 헝가리 데브레셍 플라워 민속무용페스티벌 엄옥자 한국민속무용단 초청
1998.08. 일본 白州 ART 페스티벌 참가 【태평무, 살풀이춤】
1999.08. 포르투칼 칼필하레스 페스티벌 엄옥자 한국민속무용단 초청
2000.08. 벨기에 에데젬, 본헤덴 페스티벌 엄옥자 한국민속무용단 초청 15회공연
2000.09. 2000년도 한일 해협 연안주민친선이벤트 일본 나가사키현 히라도시, 하우스텐보스 "승전무"
2000.11. 독일 하이델베르그 한국인의 전통음악 초청 공연(맨하임문화원 띠아뜨극장)
2000.11. 이태리 한국 스칸비오 뮤지컬 콘서트 초청 공연(로마 지오네극장)
2000.11. 이태리 밀라노 현지 성악가와 함께 (밀라노 빠로마 극장)
2001.08. 제1회 중국 호화호특 국제민속무용 페스티벌 초청

2001.08. 일본 야마구치현 기라라 21세기 미래 박람회 초청【승전무, 원향살풀이춤, 태평무】
2002.08. 브라질 민속 무용 페스티벌 참가 (PASSO FUNDO)
2002.09. 중국 상해 엄옥자 민속무용단 초청 공연
2004.07. 제18회 국제문화 페스티벌 참가「태국 - 수랏타니」
2004.10. 2004년 우호교류협약에 의한 예술단 방문 초청공연「중국 - 상해시」(문화체육센터)
2005.08. 서른 여덟 번째 한국의 명인명무전【원향지무, 원향칼춤, 원향살풀이춤】(포드극장) LA중앙일보-미국, 동국예술기획-한국
2006.08. 제44회 국제민속 페스티벌 엄옥자 한국민속무용단 초청「그리스 - 레프카스」
2007.08. 제 5회 국제민속 페스티벌 엄옥자 한국민속무용단 초청「터키 - 케산」
2008.07. 마르티니 국제민속 페스티벌 엄옥자 한국민속무용단 초청「스위스 - 마티니」
2009.09. L.A 한국문화원 초청공연 '한국춤의 신명과 멋'
2016.10. The 11th Annual Korean-American Cultural Arts Festival LISNER AUDITORIUM 원향살풀이춤 출연.
2017.01. 한국-베트남 문화교류 국가지정문화재 제21호 승전무 DANANG THE FIELD CONCERT HALL 북춤, 검무, 화조풍월 출연 및 구성 지도
2018.10. 인도민속페스티발 한국대표 박성호무용단 무용단장

주요활동경력

1964.04.~1967.03. 충무라파엘 무용학원 원장
1968.12.21.~1971.12.24. 문교부 인간문화재

1970.06.01.~1972.12.31. 한성여자초급대학 강사
1974.03.01.~1978.02.28. 부산여자대학교 강사
1976.~1979. 문화재관리국 조교
1983.04.~2002.04 (사)한국무용연구회 이사
1983.12.20.~1984.08.31. 부산대학교 편찬위원
1984.06.15.~1984.11.14. 부산대학교 운영위원
1985.~ 2008. 연무회 지도교수
1986.~ 2019.(사)부산민속예술보존협회 이사
1987.11.01.~1987.12.30. 문화재관리국 후보인정
1990.03.01.~1992.02.28. 숙명여자대학교 강사
1990.~ 2019. 현재 엄옥자한국민속무용단 예술감독
1991.03.~ 2008.08 부산대학교 정교수
1992.~2000. 부산시립무용단 운영위원
1993.~2000. 김백봉춤보전회 부회장
1993.~1996. (사)한국무용협회 부산지회 간사
1993.~ 경남 통영시 집필위원
1994.~1996. 부산광역시 운영위원
1995.~2013 (사)벽사 춤 아카데미 고문
1997.~2010. 엄옥자원향춤보존회 대표
1998.~2019. 현재 엄옥자 한국민속무용단 단장
1998.~ 2019. 현재 (사)민족미학연구소 상임이사
1999.~ 2005. (사)부산국제문화예술원 이사
1999. 부산대학교 추천위원
1999.~ 2002.(사)강선영 태평무 운영위원
1999.07. 정신대해원상생대동굿 추진위원회 자문위원
1999.~2000. 광주국악대전 운영위원
2000.~2006. 한국무용예술학회 이사

2000.~2001. (사)부산광역시문화관광축제위원회 조직위원
2000.03~2018.07. 국립경상대학교 민속무용학과 원로강사
2000.03~ 2019. 현재 부산대학교평생교육원 주임교수
2000.05.01.~2018.05. 부산광역시 문화재위원
2001.02~ 2003.01. 김백봉춤보전회 회장
2002.~2004. (재)한국진흥재단 공동연구원
2002.07.25.~2002.17.29. 전북대학교 부설 예술문화연구소 초청교수
2003.~2005. (사)한국전통예술진흥회 부이사장
2003.01.02.~ 2019. 현재 김백봉 춤보전회 상임이사
2003.04.14.~2004.11.12. 부산교육연수원 강사
2003.07.24. 교육위원회 중등연수원 강사
2004.~2006. 문화재연구소 자문위원
2005.~ 2006. 부산국제해변무용제 추진위원회 추진위원
2006.01.~2008.01. 부산지방해양수산청 자문위원
2008.09.01.~ 2019. 현재 부산대학교 명예교수
2008.10.01.~ 2016.10. 경상남도 문화재위원
2009.09.~ 2011.09. 한국춤문화재료원 고문위원
2009.05.01.~2013.04.30. 국립부산국악원 무용예술감독
2013.06.~2019. 현재 영남춤학회고문
2017.04 ~ 2019. 현재 부산문화예술위원회 위원
2010.~ 2019. 현재 원향춤보존회 고문
2010.~ 2019. 현재 통영기방입춤, 통영살풀이춤보존회 고문

학술 및 논문, 저서

1973.11. 영남검무의 춤사위 연구 석사학위논문
1973.12. 「무용가의 사회적 지위에 대한 사적 고찰」부산대학교 사범대학

논문집 제5집

1980.02. 「한국무용 낙후성향 요인 고찰-현대무용 중심으로」 부산대학교 사범대학 논문집 제7집

1984.02. 「한국무용의 과제와 전망-교육여건을 중심으로」 (사)한국무용연구회 학술발표

1985.02. 제4차 한국전통무용의 용어 및 춤사위 연구 「검무」 (사)한국무용연구회 한국지도자강습회(부산여자대학교 체육관) 학술발표

1987.08. 제8차 한국전통무용의 용어 및 춤사위연구 「통영검무」 (사)한국무용연구회 여름무용학교 학술발표

1991.01. 「통영검무」 서울예술단(서울예술단 연습실) 학술발표

1992.02. 「어느 무용가의 미관」 (서울 : 하나미디어) 저서

1992.07. 「통영검무」 서울88예술단 하계연수 학술발표

1992.05. 「선사시대의 무용에 관한 연구」 부산대학교 체육과학연구소 논문집 제8호

1997.05. 97동아시아 국제 학술심포지움 「The rapeutic funetion of gudance whice has effect on senous vertebral curvature」 학술발표

1997.10. 「통영검무」 부산롯데 엘그린무용단 연수 (부산롯데무용단연습실) 학술발표

1997.09. 「칼춤」 무형문화재 제21호 승전무 지역전통문화에 대한 재인식 학술 세미나, 통영문화원주최 (통영마리나리조트) 학술발표

1997.12. 「놀이 문화적 측면에서 본 밀양백중놀이」 부산대학교 체육과학연구소 논문집제13호

1998.12. 「무형문화재 보급 및 선양을 위한 활성화 방안」 21세기를 대비한 무형문화재 전승・보급제도의 발전 방향 (서울무형문화재회관) 학술발표

2. 변지연의 인적·경력사항

현직

- DANCE COMPANY 미르 대표
- 원향춤보존회회장
- 통영기방입춤, 통영살풀이춤보존회회장
- 국가지정무형문화재 제21호 승전무보존회 이사 및 부산지부장
- 제25회 전국전통예술경연대회 (승무, 살풀이) 대통령상수상
- 국가지정무형문화제 제21호 승전무(북춤, 검무) 이수자
- 부산대학교 평생교육원 한국무용전통연구반 지도강사
- 민족미학연구소 연구위원
- 영남춤학회 상임이사
- 개인춤판 33회, 국내공연 400여회 국외공연 15개국참여.

주요안무작

1996 먹이사슬
1996 환상을 쫓는 사람들
1998 겨울나무
2000 그래도 1%의 희망이 있다면
2000 이브
2000 청자항아리
2000 춤추는 무희
2000 항아리
2001 꿈

2001 모혼
2001 진노의 불길
2001 항아리Ⅲ
2004 맥
2004 사랑
2004 삼인삼색
2005 빼앗긴 뜰에도 봄은 오는가
2005 천상의 무희
2005 칼의 노래를 넘어서
2006 독
2006 윤회를 담은 항아리
2007 원향의 향기를 따라서
2008 무무
2008 봉황되어 춤추리
2009 모방된 시간
2009 색을 훔치다
2010 Mark
2010 젖은 수첩을 토하다
2011 아름다운 여행 "비밀의 화원"
2012 소유(이런 나를 갖고 싶지 않나요)
2013 어진가 어진이의 노래
2013 홀로아리랑
2014 할미꽃 향아
2015 Born Again Here 여기.. 다시 태어나다
2017 토우 어머니의 흙
2017 황진설화
2018 어화둥둥 춤이어라

이수 및 사사

1987 ~ 현재 인간문화재 원향 엄옥자선생 춤 사사
　　　　(국가무형문화재 제21호 승전무, 원향지무, 화조풍월, 통영기방입
　　　　춤, 통영살풀이춤)
1990 ~ 1998. 2000~2014. 인간문화재 정재만선생 춤 사사(승무, 살풀이,
　　　　태평무)
1991 ~ 현재　김진홍선생 춤 사사 (법고, 승무, 살풀이, 입춤)
1991　　교원자격증 중등학교2급 정교사(교육부 장관)
1989 ~ 1996 벽사 춤 아카데미 동계, 하계 한영숙류 승무 살풀이 태평무
　　　　수련회 16회 참가
1991　　사단법인 한국무용연구회주최 지도자 강습회 및 여름학교과정　이
　　　　수 수료증수여
1995　　김백봉 춤 보전회 주최 수련과정 이수
1999　　김백봉 춤 보전회 주최 수련과정 이수
1999　　민족미학연구소주최 우리 춤 특별강좌 (우리 춤의 아름다움을 찾
　　　　아서)과정 이수
1999 ~ 2019 현재 원향보존회 동계, 하계 수련회 이수 및 지도강사

수상경력

개인상

1990　　제8회 부산무용콩쿠르 은상 수상(KBS 주최)
1991　　제11회 전국국악경연대회 은상 수상(국립국악원 주최)
1995　　제11회 동아콩쿠르 은상 수상(동아일보사 주최)

1995   제45회 개천 한국무용제 특장부문 대상(문화체육부장관)수상
1999   제24회 전국전통예술경연대회 차상(문화관광부 장관) 수상
2000   제25회 전국전통예술경연대회 대통령상 수상
2001   제1회 중국 내몽고 후허하트 국제 민속무용 페스티발 개인 연기상 수상
2013   제22회 부산무용제 단체부문 홀로아리랑 DanceCompany MIR(한국예술총연합회상 수상)

지도자상

1997 제3회 무용경연대회 지도자상(부산대학교 총장상) 수상(국제예술문화 원 주최)

1998 제3회 전국학생무용경연대회 공로패 수상(한국민족예술연구원 주최)

1998 제3회 전국 초·중·고등학생 무용경연대회 안무자상 수상(국립창원대학교 주최)

1999 제4회 전국 초·중·고등학생 무용경연대회 안무자상 수상(국립창원대학교 주최)

1999 제1회 서라벌 전국민속무용 경연대회 지도자상 수상 (한국국악협회 주최)

1999 동래교육청 중학생 종합학예발표회 지도교사상(교육장상) 수상(부산시 동래교육청 주최)

1999 제9회 전국 초·중·고등학생 무용경연대회 지도자상 수상(한산대첩기념 제전위원회)

2000 제2회 전국 초·중·고등학생 무용경연대회 지도자상 수상(부산예술대학 주최)

2001 제15회 청소년 무용경연대회 지도자상 수상(부산광역시 무용협회)

2003 푸른 울산 가꾸기 시민모임주관(한국의 소리와 몸짓공연출연) 감사

패수여
2004 푸른 울산 가꾸기 시민모임과 동국예술기획주최 감사패수여
2006 전국 초·중·고등학생 무용경연대회 지도자상 수상(국립경상대학교주최)
2006 제20회 전국청소년무용경연대회 지도자상 수상(사단법인 한국무용협회부산지부)
2010 제24회 전국청소년 무용경연대회 지도자상 수상(사단법인 한국무용협회 부산광역시지회)
2010 공로패수상 투르크메니스탄 문화언론부주최 민속전통국제페스티발 한국대표로 참가

주요공연

국내공연

1990~현재. 승전무정기발표공연, 지방공연, 이충무공탄신기념제 헌무, 한산승전무 대첩 기념대전 등 정기적으로 공연
1986.04. 제2회 한국무용제전 '학살이'출연(서울문예회관)
1991.01. 인도네시아 발리 주정부 초청공연 '변지연의 춤' 주요작품 : 살풀이, 검무, 태평무, 창작(자화상) 주최 : 인도네시아 발리 주 정부
1992.05. 프랑스, 피레네 국제 민속무용 페스티발참가 자축공연 엄옥자 무용단 (부산시민회관대강당)
1992.08. 제30회 프랑스, 피레네, 국제민속무용 페스티발참가 귀국공연 엄옥자 한국민속무용단 (부산문화회관대강당)
1992.11. 한민족 축제전 승전무참가공연(서울문예회관)
1993.11. 캐나다 쥬르몬빌 몬디엘 민속축제 참가기념 엄옥자 한국민속무

용단 (부산시민회관대강당)

1994.06. 한·중·일 문화예술교류 名人展 (부산문화회관 중강당)

1994.09. 서울춤아카데미 부산무용공연 (부산문화회관대강당)

1994.12. 94 토요상설무대 (부산문화회관 소강당)

1994.11. 변지연 전통춤 개인발표공연 (부산문화회관 중강당) 승무, 살풀이춤, 태평무, 통영검무, 산조

1995.11. 한민족 한국춤제전 광복 50주년기념 자선대공연참가 (부산문화회관대강당)

1995.11. 제10회 광복 50주년 춤 한마당 진주시립무용단 정기공연 (경상남도 문화예술회관 대공연장)

1996.12. 부산대학교 개교 50주년 기념축하 및 발전기금마련공연 인간문화재 엄옥자 춤 대공연참가 (부산문화회관대강당)

1996.04. 한국무용연구회 96한국무용전야제(서울문예회관대강당)

1996.03. 변지연의 춤 개인발표공연 (부산문화회관 대강당) 주요작품 : 먹이사슬, 환상을 쫓는 사람들

1997.04. 국립국악원 제196회 중요무형문화재 무대종목 엄옥자 전통 춤 발표공연 참가 (서울국립국악원 우면당)

1997.04. 열다섯번째 "97 한국의 명인명무전" (연강홀)

1997.05. 세번째 정신대해원상생대동굿 (부산해운대백사장)

1997.12. 97 열린무대 김백봉 수련회 (경주교육문화회관 거문고 B홀)

1998.　　우크라이나 민속무용 페스티발 참가 변지연의 춤 주요작품 : 산조, 태평성대, 북소리, 부채춤, 장고춤, 검무, 농악 / 주최 : CIOFF

1998.02. 제5회 변지연 개인창작춤 발표공연 (부산문화회관 중강당) 주요작품 : 이브, 항아리, 겨울나무

1998.05. 청소년을 위한 우리춤마당 엄옥자의 춤 세계 출연 (대전광역시 평송 청소년수련원 소강당)

1999.05. 우리춤 우리가락 한마당 엄옥자무용단 출연 (대구국립박물관강

당)

1999.05. 99 한국불교 예술대전 인간문화재 엄옥자의 춤 (경주엑스포행사장)

1999.05. 99 한국불교예술대전 변지연무용단 공연 (한국불교예술대전 주최) (경주엑스포행사장) 주요작품 : 승무, 장고춤, 통영검무, 창작(나비는 나르고 새는 뛴다)

1999.06. 제1회 삼부파이낸스컵 국제체조선수권대회 개막행사 농악, 부채춤 안무 출연(사직실내체육관)

1999.11. 인터내셔널 포뮬러3 코리아그랑프리(국제자동차경주대회) 개막행사 및 결승이벤트행사축하공연 한국창작무용 '새천년을 향하여' 안무지도 (경상남도)

1999.12. MBC 밀레니엄 방송 대축제 '2000 TODAY' 전국일몰모음 '살풀이' 출연 지리산천왕봉

1999.09. 브니엘예술고등학교 개교기념 브니엘예술제 안무(태평성대) (KBS부산홀)

1999.10. 99 동래교육청중학생 종합학예발표회 안무(통영검무), (부산광역시동래교육청 주최), (부산시민회관대강당)

1999.12. '99엄옥자 원향춤판 (부산시민회관대강당)

2000.09. 벨기에귀국초청공연 엄옥자한국민속무용단(안무,지도및 출연), (창원 성산아트홀)

2000.02. 제6회 변지연 창작춤 발표공연 (부산문화회관 대강당) 주요작품 : 춤추는 무희, 청자항아리, 그래도 1%의 희망이 있다면

2000. 특집방송 젊은춤꾼 - '변지연의 춤'방영 제6회 개인 창작춤 공연 (부산 케이블)

2000.10. 제30회 안동국제 탈춤 페스티발 '승전무' 공연 출연 (축제장예술무대)

2000.10. 제9회 전국무용제 경남 명인명무공연 - '산조' 출연

2000.11. 국제아트페스티발 초청공연 엄옥자 한국민속 무용단공연 '산조' 출연

2000.12. 부산해맞이축제 해넘이행사 '살풀이' 출연 (용두산공원 종각) / 주최 : 부산광역시

2001.05. 내일을 여는춤 2001 '우리춤 어제와 오늘의 대화' 초청공연 전통 '승전무' 및 재구성 창작 '모혼' 안무 / 주최 : 정동극장, (사)창무예술회

2001.07. 제7회 변지연무용단 창작무용공연 주요작품 : 꿈(꽃과 나비의 참사랑, 진노의 불길), 모혼, 항아리 (부산문화회관 중강당)

2001.10. 제31회 승전무 발표공연 (강구안 "문화마당")

2001.12. 무용뮤지컬 '로맨스와 패가망신' 안무 및 출연 (변지연무용단 / 부산KBS홀) / 주최 : 우리들 신문사, URI기획

2002.03. 제8회 변지연무용단 창작춤 공연 '사랑' (창원성산아트홀 소공연장, 부산문화회관 대강당) 주요작품 : 전쟁과 평화, 사비와 호동의 사랑, 한반도의 꿈

2002.07. 부산아시안게임을 위한 화합의 춤 / 변지연 무용단 '사랑' (부산문화회관 대강당)

주요작품 : 전쟁과 평화, 청사초롱 불 밝힌 날, 사비와 호동의 사랑, 한반도의 꿈

2002.09. 아시아 문화박람회 한국전통무용공연 변지연 무용단 "사랑" 공연 (벡스코)

2002.09. 아시아 문화박람회 한국전통무용공연 엄옥자 한국민속 무용단 "승전무" 공연 (벡스코)

2002.10. 현불사 99재 회향을 위한 엄옥자 한국민속무용단 공연 (현불사)

2002.10. 제8회 아시아태평양장애인대회 개·폐막식 안무 및 지도, 출연 (부산사직운동장)

2002.11. 제8회 부산전자음악협회 정기공연 MULTIPLAYER MIDI CONCERT

(부산KBS홀)

2002.12. 엄옥자의 원향춤 '노실고개 해당화' (부산문화회관 대강당) 주요작품 : 여는마당 - '천상의 무희' / 풀이마당 - '풍경' 안무 주최 : 원향춤연구회

2003.06. 여섯 번째 한국의 소리와 몸짓 (울산문화예술회관 소공연장) '승무' 출연 / 주최 : 원향춤연구회

2003.08. 2003 경주세계문화엑스포 경축을 위한 엄옥자원향춤수련회 열린춤판 '승무'(경주교육문화회관)

2003.09. 제18회 한국무용제전초청공연 승전무 출연(부산문화회관대극장)

2003.11. 엄옥자교수 이순공연 (부산문화회관 대강당) '칼의 노래를 넘어서...' 안무 및 출연 / 주최 : 원향춤 연구회

2003.12. 제33회 승전무 발표공연 및 우리춤의 향연 출연 (통영시민문화회관 대극장)

2003.12. 부산대학교 평생교육원 한국무용교실 원향춤 연구발표회 -지도 (금정문화회관 대극장)

2003.12. 해맞이 부산축제-시안의 타종식 '살풀이춤' 출연

2004.03. '2004 변지연무용단창작춤 - 맥' (부산문화회관 중강당)

2004.04. 새울 전통타악진흥회 정기공연 '타로' '태평무' 출연 (부산문화회관 중강당)

2004.10. 서른다섯번째 한국명인 명무전 (부산문화회관 중강당) '살풀이' 출연 / 주최 : 동국기획

2004.10. 통영탄생 400주년 기념초청공연,통영시민문화회관 대극장 '칼의 노래를 넘어서.' 안무 및 출연

2004.11. 제34회 승전무발표공연 및 우리춤의 향연 (통영시민문화회관 대극장)

2004.12. 김계화선생 4주기 추모공연 '국악인생60년 울산사랑25년' 제13회 한국의 소리와 몸짓(울산문화예술회관 대공연장) '살풀이춤'

　　　　　출연
2004.12. 2005 APEC 성공기원을 위한 삼광사동지예술제 '원향북춤'(삼광사지관전 문화예술회관)
2005.05. 44회 아산 성웅 이순신축제 '통영검무' 출연(현충사)
2005.04. 변지연무용단 燕 창작춤 공연 '빼앗긴 뜰에도 봄은 오는가'(부산 금정문화회관대공연장)
2005.05. 한국의 소리를 찾아서 (마산MBC홀) 살풀이춤 출연 / 주최 : 마산국악관현악단
2005.06. 옥포해전과 불멸의 이순신 (거제문화예술회관 대극장) 「칼의 노래를 넘어서」안무 및 출연
2005.07. 평생교육원 원향춤 공연 (영도등대해양문화공간) 안무 및 출연 / 주최 : 원향춤연구회
2005.08. 칠석예술제 (삼광사) "견우와직녀" 안무 및 출연 / 주최 : 삼광사
2005.08. 제44회 통영 한산대첩축제 (통영문화마당) 승전무공연 출연 / 주최 : 한산대첩기념사업회
2005.09. 전국평생학습축제 - 승전무 출연(광명시 일대)
2005.10. 마흔번째 한국의 명인명무전 (동국예술기획) 원향지무 출연 / 주최 : 동국예술기획
2005.10. 한·중·일 불교우호교류부산대회(삼광사)변지연무용단공연 - '승전무·풍경·천해몽' 안무 및 출연
2006.02. 42회 한국의 명인명무전 (국립국악원 예악당) '원향지무' 출연 / 주최 : 동국예술기획
2006.02. 43회 한국의 명인명무전 (김해문화의전당 마루홀) '승전무' 출연 / 주최 : 동국예술기획
2006.04. 44회 한국의 명인명무전 (금정문화회관 대공연장) '원향지무' 출연 / 주최 : 동국예술기획
2006.06. 변지연무용단 燕의 열린춤판 윤회를 담은 항아리 '독'- 안무및 출

연 (김해문화의전당 누리홀)

2006.07. 변지연무용단 燕의 열린춤판 '독' -안무및 출연 (부산민주공원 소극장)

2006.09. 원향 엄옥자교수 특별초청공연 (불우이웃돕기의 기금마련 공연) '승전무 · 원향지무 · 승무' 출연 (통영시민문화회관 대강당)

2006.09. 名舞名人 엄옥자 원향춤판 (부산시 문화상 수상 기념공연) '승전무 · 원향지무 · 승무' 출연(부산문화회관 대강당)

2006.12. 제476회 토요상설공연 우리민속 한마당 엄옥자의 춤 '원향춤판' (서울 국립민속박물관대강당)

2006.11. 제36회 중요무형문화재 제21호 승전무 발표공연 및 우리춤의 향연 (통영시민문화회관대강당)

2007.08. 한여름밤 전통춤의 향기(주최 원향춤연구회) '승무' 출연 (경주교육문화회관)

2007.03. 제52회 한국의 명인명무전 팔도팔색살풀이춤 (국립국악원 예악당) '원향살풀이'출연 / 주최 : 동국예술기획

2007.10. 2007 변지연 燕 기획춤판 『원향춤의 향기를 따라서…』(부산문화회관 대강당) / 주최 : 원향춤연구회 / 주관 : 변지연무용단

2008.02. 제59회 한국의 명인명무전 (울산문화예술회관 대강당) '승무' 출연 / 주최 : 동국예술기획

2008.03. 제60회 한국의 명인명무전 (국립국악원 예악당) '원향살풀이' 출연 / 주최 : 동국예술기획

2008.06. 만학(晚學)이여 이제는 만학(萬鶴)이되어 날아오르다. 기획 및 연출 (부산문화회관 중강당) / 주최 : 원향춤연구회 주관 : 부산대학교 평생교육원

2008.06. 봉황되어 춤을 추리 - 원향(遠香) 엄옥자교수 정년퇴임 축하공연 안무 및 출연 (부산문화회관 대강당) 주최, 주관: 원향춤연구회

2008.07. 봉황되어 춤을 추리 - 원향(遠香) 엄옥자교수 정년퇴임 축하공연

안무 및 출연 (통연시민문화예술회관 대강당)　주최 : 한국예술문화총연합회 통영지부　주관 : 원향춤연구회
2008.09. '2008 전통음악축제 신명, 울림, 만남 초청공연 승전무 출연 (3.15 아트센터 대극장) / 주최: 가곡전수관　주관: 마산시
2008.12. 한국의 명인명무전 (동래문화회관 대극장) '원향살풀이춤' 출연 / 주최 : 동국예술기획
2009.03. '2009 변지연무용단 연의 춤' 색을 훔치다. (금정문화회관) 주최 : 변지연무용단
2009.04. 부산국립국악원 창단기념공연 '천년화가 움트고' 초청공연 (국립부산국악원 연악당) / 주최 : 문화체육관광부　주관 : 국립부산국악원
2009.06. 김해시립가야금연주단 제 22회 정기공연 '해피데이 해피 琴' 초청공연 (김해문화의 전당 마루홀) / 주최 : 김해시　주관 : 김해시립가야금연주단
2009.09. 제68회 한국의 명인명무전 (국립부산국악원 연악당) '승무' 출연 / 주최 : 동국예술기획
2009.09. 국립부산국악원 화요공감무대 『김진홍이 펼치는 춤 그대물림의 향기』 (국립부산국악원 예지당) '원향살풀이춤' 출연 / 주최 : 문화체육관광부 / 주관 : 국립부산국악원
2009.10. 2009원향춤연구회열린춤판 『우리춤 이음전』 (국립부산국악원 연악당) '원향지무' 출연 / 주최 : 원향춤연구회
2009.11. 2009 Dance company 燕 『모방된시간』 (국립부산국악원 연악당)
2009.11. 제70회 한국의 명인명무전 (국립국악원 예악당) '원향지무' 출연 / 주최 : 동국예술기획
2009.12. 풍물굿패 소리결　2009사물놀이 정기공연 『신명난 송년회』 (국립부산국악원 연악당, 서울 남산국악당) 특별출연 / 주최 : 풍물굿패 소리결

2010.01. 명문가 명무전(숙명아트센터 씨어터S) '원향지무' 출연 주최 : BYUKSA DanceCompany / 주관 : 벽사춤보존회

2010.04. 사방선유전 (봉산문화회관 가온홀) '원향지무' 출연 주최 : (사)대구예술무용협회 DADA

2010.06. 춤전용공간 시어터원 Opening 공연 (춤전용공간 시어터원) 주최 : Dancecompany yeon

2010.09. Mark 흔적 (춤전용공간 시어터원) 주최 : Dancecompany yeon 주관 : 시어터원

2010.11. 변지연·박재현의 춤 젖은 수첩을 토하다.(춤전용공간 시어터원) / 주최 : Dancecompany yeon 주관 : 시어터원

2010.11. 제40회 중요무형문화재 제21호 승전무발표공연 및 우리춤의향연 '원향지무' 출연 (통영시민문화회관 대극장) 주최: 승전무보존회

2010.11. 구지연의 춤 '비향' 고이접어 나빌레라 (춤전용공간 시어터원) 주최: 풍물굿패 소리결, Dancecompany yeon

2011.04. 국제아트즉흥페스티발 100분릴레이 참가부산대학교아트센터 (미술전시실)

2011.05. 춤안무가전페스티발 "공략" 오프닝공연 안무 "무무" 총기획 및 주최/주관

2011.09. Dancecompany 연 춤공연 아름다운 여행 "비밀의화원" 안무및 출연 / 주최 : Dancecompany 연 주관 : 시어터원

2011.10. 부산SIN공간 개관공연 원향지무출연

2012.03. 한국의 명인명무전 원향지무출연. 주최 : 동국예술기획

2012.04. 국제아트즉흥페스티발 참가(lig아트홀)

2012.05. 진주의암제 한국의 명인명무전 원향지무 출연 진주촉석루 야외공연장

2012.07. 두리춤터의 '테마가 있는 한국춤 시리즈 제7테마 : 무형문화재춤

으로 보는 한국전통춤의 흐름 승전무, 원향지무 출연 / 주최 두리춤터.

2012.07. One summer night. Bud contemporary. Dance company 미르 이런 나를 갖고 싶지않으세요? 소유에 대하여.......안무 변지연, 주최 dancecompany 미르

2013.06. Korea contemporary Dance 어진가, 어진이의 노래 춤 공연 안무 변지연, 주최 dancecompany 미르

2013.07. 부산무용제 '홀로 아리랑' 안무 및 출연 부산 문화회관 중극장, 부산광역시 주최

2013.06. 어진이의 노래 "어진가" 안무 및 연출 (미르소극장)
주최 Dancecompany MIR

2013.09. 홀로아리랑 안무 및 연출(국립부산국악원 대극장)
주최 Dancecompany MIR

2013.11. 제43회 중요무형문화재 제21호 승전무발표공연 및 우리춤의 향연(검무출연) 주최 승전무보존회

2014.05. 할미꽃 향아 안무 및 연출(미르소극장) 주최 Dancecompany MIR

2014.05. 대한민국춤 한국무용가선정공연 "한국춤 백년화" (승무출연) 미르소극장

2014.09. 국립국악원 풍류사랑방상설공연 풍유산방 원향춤한바탕 "김현숙의 춤"(특별출연 원향살풀이춤)

2014.10. 2014 풍물굿패 소리결정기공연 풍류, 생명이 춤추다 Ⅱ 안무 및 출연 국립부산국악원 대극장

2014.11. 제44회 중요무형문화재 제21호 승전무발표공연 및 우리춤의 향연(화조풍월, 검무출연)통영시민문화회관 대극장. 주최 승전무보존회

2014.11. 장선희무용단 춤터 정기공연 "해월화" 총연출 국립부산국악원 대극장 주최 장선회무용단

2015.04. 파독간호사전통예술인초청 그 먼 옛날부터 저 먼 훗날까지 무대지도 국립부산국악원 소극장 / 주최 풍물굿패 소리결
2015.04. 국립부산국악원 제16회 화요공감무대원향춤판 "으아린 버선발로 젖겨드랑 곱사위마루" 승전무, 통영기방입춤, 원향지무출연 주최 국립부산국악원
2015.04. 지역춤초대전 맥.흥.무(통영기방입춤출연) 한국의 집 주최 한국춤무대예술학회
2015.06. 한국의 악과 무 그 현대적 진화 'Born Again Here 여기.. 다시 태어나다' 신굿(안무, 구성, 출연) 국립부산국악원대극장 / 주최 Dancecompany MIR
2015.08. 제2회 대한민국차세대 명무전(원향지무출연) 강동아트센터대극장 주최 월간 무용과 오페라
2015.09. 아시아민속춤시리즈VIII 춤으로 만난 아시아 한국대표 (통영기방입춤출연) 소향시어터 / 주최 아시아춤문화연구소.
2015.09. 2015통영국제음악재단 기획공연 통영, 전통을 담은 소리 III 승전무(원향허튼춤출연) 통영국제음악당블랙박스 / 주최 국가지정문화재 제21호 승전무보존회
2015.10. 제15회 민성희 춤 "단풍향 운율에 물들다"(통영기방입춤,통영검무 출연) 국립민속박물관대강당 / 주최 국립민속박물관
2015.10. 변지연·박성호 전통춤의 향연 "만남" 안무, 재구성 및 출연 국립부산국악원 대극장 / 주최 박성호무용단
2015.11. 공연예술의 향연 님의 예술혼, 상생을 통하다. (통영기방입춤출연) 부산문화회관대강당 / 주최 문화체육관광부
2015.12. 제88회 부산시민을 위한 한국의 명인명무전 (원향지무출연)국립부산국악원 대극장 / 주최 동국예술기획
2016.03. 창립27주년기념 제90회 한국의 명인명무전(원향지무출연) 용산아트홀 대극장미르 / 주최 동국예술기획

2016.07. 춤탈극 박타령 총연출 국립부산국악원 대극장 주최 박성호무용단

2016.07. 2016 여현주살풀이춤정기발표회 살짜기 옵서~예 승전무출연 성산아트홀소극장 / 주최 사단법인 영남전통예술진흥회

2016.10. 제92회 사천시민과 함께하는 한국의 명인 명무전 통영기방입춤 출연 사천시문화예술회관 / 주최 동국예술기획

2016.11. 제46회 중요무형문화재 제21호 승전무발표공연 및 우리춤의 향연 통영기방입춤, 검무출연 통영시민문화회관대극장 / 주최 승전무보존회

2016.12. 대구시민과 함께하는 제93회 한국의 명인명무전 원향지무출연 대구문화예술회관 팔공홀 / 주최 동국예술기획

2016.12. 대구시민과 함께하는 제93회 한국의 명인명무전 원향허튼춤출연 대구문화예술회관 팔공홀 / 주최 동국예술기획

2016.12. 마지막한량2 고문장원선생을 기리며 김진홍의 舂 총연출 국립부산국악원대극장 / 주최 김진홍전통춤보존회, 동래한량춤보존회

2017.04. 제41회 가야문화민속축제초청공연 우리춤의 향연 원향춤보존회 연출 및 원향지무 / 출연 국립김해박물관야외무대 / 주최 가야축제위원회

2017.04. 제472주년 충무공이순신탄신제제전행사 승전무출연 통영충렬사 주최 통영시

2017.04. 2017년 찾아가는 무형문화재공연 함께 즐기는 우리춤 얼~~~쑤 승전무 중 검무 / 출연 통영잠포학교 나래관 / 주최 사단법인 국가무형문화재승전무보존회

2017.05. 창립 28주년기념 제95회 한국의 명인명무전 원향지무/살풀이춤 출연 국립극장달오름 / 주최 동국예술기획

2017.09. 2017 영남춤축제 춤, 보고싶다 공모선정작 DanceCompany MIR '토우' 어머니의 흙 안무 및 출연(독무) 국립부산국악원 대극장 주최 국립부산국악원

2017.09. 부산가야금연주단 제13회 정기연주회 천년의 소리 떼루 떼루아 떼루야 태평무 / 출연 부산문화회관대극장 / 주최 부산영남대표 방송KNN

2017.10. 김진홍승무전 '황진설화' 구성, 안무, 연출 국립부산국악원대극 장 / 주최 김진홍춤연구회

2017.11. 제47회 중요무형문화재 제21호 승전무발표공연 및 우리춤의 향 연 월풍화애, 동래야류 출연 통영시민문화회관대극장 / 주최 사 단법인 국가무형문화재승전무보존회

2017.11. 제3회 김해시민을 위한 한국창작무용극 "우륵 가야 가얏고"(예 술감독 및 연출) 김해문화의 전당마루홀 주최 부산대학교김해동 문회

2017.12. 한국창작무용극 "우륵 가야 가얏고(예술감독 및 연출)국립부산 국악원대극장 주최 박성호무용단

2017.12. 제2회 호남검무축제 협연군무 곡성군 옥과면 월파관 주최 곡성 군호남검무보존회

2017.12. 창립 28주년 기념 제96회 한국의 명인명무전 원향지무출연 부산 문화회관중강당 / 주최 동국예술기획

2018.04. 국태민안 기원 제473주년 충무공이순신탄신제 헌무 승전무 서 울시 광화문 충무공이순신동상 앞 광장 주최 재단법인 통영충렬 사

2018.05. 박성호무용단 춤탈극 박타령 연출 부산민속예술보존협회 송유 당 주최 박성호무용단

2018.07. 박성호무용단 춤탈극 한량 연출 부산민속예술보존협회 송유당 주최 박성호무용단

2018.07. 2018원향춤보존회 기획공연 '어화둥둥 춤이여라. 원향이어라' 안 무 및 출연 부산국립국악원대극장 주최 원향춤보존회

2018.07. 2018년 국가무형문화재 승전무 기획공연 '푸른바다에 춤을 싣고'

　　　　　통영이순신공원내 야외무대 / 주최 승전무보존회
2018.08. 2018년 김해공연예술지원사업 전통춤의 향연 남풍류 청명 통영 살풀이춤출연 김해문화의 전당 누리홀 주최 사단법인 김해문화재단 김해문화의 전당
2018.09. 부산민속예술보존협회 송유당 박성호무용단 기획공연 차세대명무전 무심청화 박창희의 춤 연출
2018.09. 부산민속예술보존협회 송유당 박성호무용단 기획공연 차세대명무전 '향 김지혜의 춤' 연출
2018.09. 동래문화회관 야외공연장 2108 공연장상주단체 Festival 박성호무용단 춤탈극 한량 조선의 한량을 풍자하다. 연출
2018.12. 박성호무용단 동래별장전 Ⅰ 고풍-예스러운 풍취 연출 (부산민속예술보존협회 송유당) / 주최 박성호무용단
2018.12. 박성호무용단 동래별장전Ⅱ 월하고은 연출 및 출연(부산민속예술보존협회 송유당) / 주최 박성호무용단
2018.12. 박성호무용단 동래별장전 Ⅲ 풍류. 한량-바람불어 좋은 날 연출 (부산민속예술보존협회 송유당) 주최 박성호무용단
2019.03. 100주년 한국의 명인 명무전 통영살풀이춤 출연 (국립국악원 대극장) 주최 동국예술기획

해외공연

1989.01.17 미국 LA 시장 초청공연
1991.01.13~01.14 인도네시아 발리 주정부 초청공연 '변지연의 춤'
1991.01.15 한국춤의 밤 한국 상공인날 기념공연 홍콩 한국 총영사관
1992.07.15~08.09 제30회 프랑스 피레네 국제 민속무용 페스티발 초청공연
1993.07.08~07.18 제11회 캐나다 듀무몬빌 몬디엘 국제 민속무용 페스티

발 초청공연
1994.07.19~07.26 제32회 프랑스 피레네 국제 민속무용 페스티발 초청공연
1994.07.27~08.31 스페인 알만드랄레오 민속무용 페스티발 초청공연
1996.07.28~08.17 이태리 민속무용 페스티발 초청공연
1997.07.24~07.26 중국 영선어민제 초청공연 (영선극장, 석도극장, 대운동장)
1997.08.18~08.29 폴란드 민속무용 페스티발 초청공연(예술감독)
1998.06.25~07.26 체코 / 폴란드 / 우크라이나 민속무용 페스티발 초청공연(CIOFF주최) (예술감독)
1998.07.13~07.19 우크라이나 민속무용 페스티발 초청공연(예술감독)
1998.08.17~08.21 헝가리 데브레셍 민속무용 페스티발 초청공연 (예술감독)
1999.08.06~08.16 포르투칼 칼필하레스 민속무용페스티발 초청공연(예술감독)
2000.08.10~08.21 벨기에 에데젬,본헤덴 페스티발민속무용 초청공연(예술감독)
2000.09.24~09.25 2000년도 한일해엽 연안주이벤트 일본나가샤키현 히라도시 하우스텐보드 승전무 초청 공연
2001.08.08~08.13 중국 내몽고 후허하트 국제민속페스티발 초청공연 (예술감독)
2002.08.15~08.24 브라질 파소푼도 민속무용 페스티발 초청공연(예술감독)
2002.09.28~09.30 중국 상해 사천북로축제 개막식 초청공연(예술감독)
2004.07.24~08.04 태국 왕비축제 제8회 슈라타니 축제 엄옥자민속무용단 초청공연(예술감독)
2004.10.28~10.29 중국 상해시 홍구구 초청공연(예술감독)

2006.08.18~08.29 제44회 레프카스 국제민속 축제「그리스-레프카스」
(예술감독)
2007.08.02~08.07 엄옥자한국민속무용단 터키(케산)초청공연(예술감독)
2008.07.24~08.06 스위스 마르티니 리즈민속축제 초청공연(예술감독)
2018.10.11~10.14 뉴델리 인도세계민속춤페스티발 총 안무 한국대표
박성호무용단초청

3. 통영살풀이춤보존회의 전승연혁

원향춤연구회는 원향 엄옥자 교수의 춤을 사랑하고 연구 및 수련하는 의지를 모아 체계적인 연구와 활발한 공연을 도모하고자 1992년 3월 28일에 발족된 단체이다.

부산대학교 교수이자 중요무형문화재 제 21호 승전무 예능보유자인 엄옥자 교수가 활동하고 있는 원향춤연구회는 1985년 부산대학교 사범대학 체육교육과 졸업생인 일선 중,고등학교 무용, 체육교사들이 주축이 되어 〈연무회〉가 결속된 후 1991년〈엄옥자 한국민속무용단〉을 발족하여 국내외적으로 많은 공연을 통해 오늘날 춤을 사랑하는 전문무용 및 연구단체로 탄생되었다.

〈엄옥자 한국민속무용단〉은 그동안 「한국의 명무명인전」을 비롯한 100여회의 국내공연과 일본, 미국, 인도네시아, 홍콩, 러시아, 캐나다, 프랑스, 스위스, 이태리, 스페인, 중국, 폴란드, 우크라이나, 헝가리, 벨기에, 브라질, 포르투칼, 태국, 그리스 등 세계민속무용페스티벌에 참가하여 우리춤의 아름다움을 세계적으로 알리는 홍보대사로서 활동하여 왔다. 이로 인하여 체코 축제위원장 선정 최우수상 수상 및 폴란드 관중이 뽑은 최고상 및 헝가리 Flower축제 특별상과 2001년엔 PSB문화재단 문화대상과 중국 호핫우트 국제민속페스티벌 선정 우수 연출상, 특별상, 개인연기상, 2005년 부산시 문화상 등을 수상한 바 있다.

또한 원향춤을 후학들에게 보급하기 위하여 1998년부터 현재까지 40여회 원향춤수련회를 개최하여 중요무형문화재 제 21호인 승전무의 칼춤과 북춤을 비롯한 통영살풀이춤과 승무, 태평무, 원향지무, 화조풍월, 허튼춤 등을 보급하고 이를 통해 문화재춤의 전승과 발전 및 재창조를 꾀하고 있다.

이 밖에 1991년엔 〈변지연 무용단〉(원향춤연구회 이사, 창원대학교 강사)이 창단되어 젊은 춤꾼들이 실험정신으로서 한국창작춤의 발전을 꾀하고 꾸준한 전통춤의 전승 보급을 위하여 노력해 왔다. 2001년에는 원향춤연구회의 부회장인 경상대학교 김미숙 교수가 이끄는 경상대학교 졸업생들로 구성된 〈舞天무용단〉이 결성되어 「승전무」를 비롯한 영남춤의 보급과 발전을 위하여 노력하고 있다.

2002년 부산에 개최된 「아시아태평양장애인 경기대회」에서 엄옥자교수의 개·폐막식 총괄안무와 〈변지연무용단〉의 출연으로 국제적인 행사에서 일익을 담당하여 대통령 표창을 받기도 하였다.

한편, 교육적인 측면에서 일반인들에게 원향춤을 보급하여 우리 춤의 대중화에 앞장서고 전문인을 양성하기 위하여 부산대학교 평생교육원에서 한국무용교실(학점은행제)을 운영하면서 원향춤의 깊이를 더해 가고 있다.

이와 같이 그 동안의 활동을 바탕으로 본격적인 원향춤을 연구하고 계승 발전시킬 뿐 아니라 학문적으로 그 연구의 폭을 확대하여 오늘날 한국 춤의 맥을 잇고 우리춤의 정체성을 구축하여 한국춤 문화 보급에 앞장서 오다가 2008년 원향 엄옥자교수의 정년퇴임으로 원향춤보존회로 명칭을 바꾸면서 초대회장 김윤옥에 이어 2010

년 변지연으로, 이 해 더불어 통영기방입춤, 통영살풀이춤보존회를 조직화하여 보다 더 원향춤의 보존이라는 전통문화의 전승과 재창조에 남다른 소명감을 가지고 노력하며, 더없이 커다란 의미를 실현해 나가고 있다.

원향춤보존회 회칙

제 1 장 총 칙

제1조(명칭) 본회는 원향춤보존회(이하 본회)라 칭한다.
제2조(소재지) 본회는 부산광역시 및 경상남도에 둔다.
제3조(목적) 본회는 원향춤의 연구 및 공연 활동과 한국무용 발전에 기여함을 목적으로 한다.
제4조(사업) 본회는 목적을 달성하기 위하여 다음의 사업을 행한다.
  1. 원향춤의 전승·정립을 위한 활동 및 도서 발간
  2. 원향춤 발전을 위한 국내의 무대공연활동 및 교류·교육에 관한 사항
  3. 한국무용 신인 발굴 육성에 관한 사항
  4. 기타 한국무용, 특히 원향춤 발전에 관한 제반 사항

제 2 장 회 원

제5조(회원자격) 본회의 회원은 무용 및 문화예술에 관여하는 자 중 본회의 목적에 동의하고, 임원회의 가입 승인을 받은 자로 한다.
  1. 정회원은 원향춤보존회 입회하여 12개월이상. 보존회 정기교육에 80% 출석한 회원으로 한다.
  2. 준회원은 원향춤보존회 입회하여 3개월이상인자로 한다.
  3. 특별회원은 기타 본회의 발전에 필요하다고 인정되는 자로 한다.
제6조(회원의 권리) 정회원은 총회의 의결사항인 각종 의안에 대한 의결권을 갖는다.

제7조(회원의 의무) 본 회원은 다음과 같은 의무를 갖는다.
1. 회원은 본회가 주관하는 각종 목적 사업에 적극 참여하며 본회의 발전을 위하여 노력할 의무를 갖는다.
2. 회원은 정해진 회비를 납부할 의무가 있다. 회비는 연회비, 월회비, 특별회비로 한다.

제8조(회원의 제명) 본 회원은 다음 사항에 해당할 때 임원회의 결의와 총회의 승인에 의해 제명할 수 있다.
1. 회비체납이 2년 이상일 때
2. 본회의 명예를 훼손하는 행위를 했을 때

제 3 장 임 원

제9조(임원) 본회는 회장 1명, 부회장 1명, 이사 5명, 감사 2명, 자문위원 약간명을 둔다.

제10조(임원선출) 임원은 총회에서 선출한다.

제11조(임기) 임원의 임기는 3년으로 하고, 결원이 생길 때는 임원회에서 보선하되 전임자의 잔여기간으로 한다.

제12조(자문위원)
1. 자문위원은 회장이 추대, 임원회의 의결을 거쳐 총회의 인준을 받는다.
2. 자문위원의 임기는 4년으로 하고. 필요시 회장의 자문에 응하며 총회와 임원회에 출석하여 자문에 응할 수 있다.

제13조(회장) 회장은 본회를 대표하여 본회 업무를 통괄한다.

제14조(직무수행) 회장 유고시는 부회장 중 1인이 그 직무를 대행한다.

제15조(감사) 감사는 총회에서 선출하고, 재정 및 운영에 관한 사항을 감사한다.

제16조(이사) 이사는 다음과 같이 그 직무를 맡는다.

1. 기획이사는 본회의 기획 업무를 담당한다.
2. 총무이사는 본회의 사무를 총괄한다.
3. 재무이사는 본회의 재정확보와 재정을 맡는다.
4. 공연이사는 본회의 공연에 관한 사항을 담당한다.
5. 학술이사는 본회의 학술활동을 담당한다.
6. 출판이사는 본회의 출판에 관한 사항을 담당한다.
7. 섭외이사는 본회의 대외 섭외를 담당한다.
8. 홍보이사는 본회의 홍보 업무를 담당한다.
9. 교육이사는 본회의 교육에 관한 업무를 담당한다.
10. 이사는 회장을 보필하여 본회의 일반적 업무를 담당한다.

제17조(임원회) 임원회는 회장, 부회장, 직무담당이사로 구성하며, 본회의 기획과 운영에 관한 사항을 의결한다.

제18조(분과위원회) 본회의 업무를 수행하기 위하여 분과위원회를 둘 수 있다.

제 4 장 총 회

제19조(권능) 총회는 본회의 최고의결기관이다.

제20조(소집) 총회는 다음과 같이 소집·의결된다.
1. 총회는 정기총회와 임시총회로 한다.
2. 정기총회는 년 1회 1월중에 회장이 소집하고 그 의장이 된다.
3. 임시총회는 임원 3분의 2 또는 재적회원 2분의 1 이상 요구가 있을 때 회장이 소집하고 그 의장이 된다.

제21조(부의사항) 총회의 부의사항은 다음과 같다.
1. 사업기획에 관한 사항
2. 예산 및 결산에 관한 사항
3. 회칙의 변경에 관한 사항

4. 임원선출 및 회원 징계에 관한 사항

5. 기타 본회 운영에 관한 사항

제22조(정족수) 정족수는 다음과 같이 정한다.

1. 총회는 재적구성원 과반수의 출석으로 개최하고 출석위원 과반수의 찬성으로 의결한다.

2. 전항의 의결권은 총회에 출석하는 다른 회원에게 위임할 수 있다. 위임장은 서면으로 작성하여 회의 전에 사무국에 제출하여야 한다.

제 5 장 재 정

제23조(재정) 본회의 재정은 회비, 지원금, 찬조금, 기타 수입금을 세입으로 충당하며, 예산의 집행은 회장, 재무이사 1인, 총무이사의 동의를 거친다.

제24조(회계감사) 본회의 회계 감사는 년 1회 정기총회 전에 실시하여 총회에 감사결과를 보고한다.

제 6 장 부 칙

제25조(회칙의 시행) 본 회칙은 총회에서 통과한 날부터 효력을 발생한다.

제26조(부칙) 본 회칙에 규정되지 아니한 사항은 관례에 따른다.

통영기방입춤, 통영살풀이춤보존회 정관

제 1 장 총 칙

제1조(명칭) 본 회는 "통영기방입춤, 통영살풀이춤 보존회"라 한다.

제2조(소재지) 보존회 본부는 경상남도 통영시 도천동 33-34번지 3층에 두며, 부산 지부는 부산광역시 금정구 금샘로 361 민열빌딩 3층에 둔다. 필요한 곳에 분 지부를 설치할 수 있다.

제3조(목적) "통영기방입춤, 통영살풀이춤 보존회와 다음 세대 전승을 위한 전수교육 및 전승활동 운영"을 목적으로 한다.

제4조(사업)
 - 통영기방입춤, 통영살풀이춤 보존회의 전수교육 사업
 - 통영기방입춤, 통영살풀이춤 보존회의 공연, 전시 등 보급 사업

제 2 장 회 원

제5조(회원의 자격 및 구분)
1. 보존회의 회원은 제3조의 목적에 동의하는 사람으로, 소정의 가입절차를 마친 사람으로 한다.
2. 보존회의 회원이 되고자 하는 사람은 소정의 가입 신청서를 제출하여야 하며, 회장의 승인을 얻어 가입한다.
   ① 특별회원 : 문화재 및 관련 분야 전문가 등으로 보존회의 운영에 관한 자문 역할을 수행할 수 있는 자와 보존회의 활동을 후원하는 자.

제6조(회원의 권리)
1. 회원은 총회를 통하여 본회의 운영에 참여한다.
2. 일반회원은 발언권을 가지나 의결권은 정회원에게만 있다.
3. 특별회원은 총회에 참석하여 법인 활동에 관한 의견을 제안할 수 있으며 의결권은 있다.

제7조(회원의 의무) 회원은 다음 각 호의 의무를 갖는다.
1. 보존회의 회칙 및 제 규정의 준수
2. 총회 및 이사회의 결의사항 이행
3. 회비 및 제 부담금의 납부
4. 회원 중 일반회원은 전수교육 및 공개행사에 참여하여야 하며, 그 구체적인 사항은 규칙으로 정한다.
5. 회원 상호 간의 우호와 친목도모를 저해하는 행위는 금한다.

제8조 (회원의 탈퇴) 회원은 본인의 의사에 따라 탈퇴서를 보존회장에게 제출함으로써 자유롭게 탈퇴할 수 있다.

제9조 (회원의 제명) 본 회원은 다음 사항에 해당할 때 임원회의 결의와 총회의 승인에 의해 제명할 수 있다.
1. 회비체납이 2년 이상일 때
2. 본회의 명예를 훼손하는 행위를 했을 때

제 3 장　　임　원

제10조(구성) 보존회에는 다음 각 호의 임원을 둔다. 단 감사(1인)을 제외한 임원은 일반회원 중에서 선출한다.
1. 보존회장 1인
2. 사무국장 2인
3. 감사 2인

제11조(임원의 선출)

1. 보존회의 임원은 총회에서 선출한다.
2. 임원의 보선은 결원이 발생한 날로부터 2개월 이내에 하여야 한다. 단, 전임자의 잔여기간이 3개월 이내인 경우에는 보선하지 않을 수 있다.
3. 새로운 임원의 선출은 임기만료 2개월 전까지 하여야 한다.

제12조(임원의 임기)
1. 임원의 임기는 3년으로 하되 연임이 가능하다.
2. 사무국장은 3년마다 재 선임하되 연임이 가능하다.

제13조(임원의 해임) 임원이 다음 각 호의 하나에 해당하는 경우 총회의 의결을 거쳐 해임할 수 있다.
1. 보존회의 목적에 위배되는 행위를 한 경우
2. 임원 간의 분쟁·회계부정, 또는 현저한 부당행위를 한 경우
3. 보존회의 업무를 방해하는 행위를 한 경우

제14조(임원의 직무)
1. 보존회장은 보존회를 대표하고 보존회의 업무를 총괄하며, 총회 및 이사회의 의장이 된다.
2. 이사의 직무는 이사회에 출석하여 법인의 업무에 관한 사항을 의결하며 이사회로부터 위임받은 사항을 처리 한다.
3. 사무국장은 다음의 직무를 수행한다.
   ① 보존회의 재산, 회계 등 재정에 관한 사항을 관리하는 일
   ② 보존회의 전수교육 및 공개행사 등 전승활동을 관리하는 일
   ③ 보존회의 총회 및 이사회 운영과 그 업무에 관한 사항을 관리하는 일
   ④ 제4호의 보고를 위하여 필요시 총회 또는 이사회의 소집을 요구하는 일
   ⑤ 총회나 이사회에 출석하여 의견을 진술하는 일

제15조(보존회장의 직무대행)

1. 보존회장이 사고가 있을 때에는 보존회장이 지명하는 이사가 보존회장의 직무를 대행한다.
2. 보존회장이 궐위되었을 때에는 이사 중에서 연장자 순으로 보존회장의 직무를 대행한다.
3. 제2항의 규정에 의하여 보존회장의 직무를 대행하는 이사는 지체 없이 보존회장 선출의 절차를 밟아야 한다.

제 4 장 총 회

제16조(총회의 구성) 총회는 보존회의 최고 의결기관으로서 회원으로 구성된다.

제17조(총회의 의결사항) 총회는 다음의 사항을 의결한다.
1. 임원의 선출 및 해임에 관한 사항
2. 보존회의 해산 및 정관 변경에 관한 사항
3. 기본재산의 처분 및 취득과 자금의 차입에 관한 사항
4. 예산 및 결산의 승인에 관한 사항
5. 보존회의 연간 사업계획 승인에 관한 사항
6. 회원의 제명에 관한 사항
7. 기타 보존회의 운영상 중요하다고 보존회장이 부의하는 사항

제18조(구분 및 소집)
1. 총회는 정기총회와 임시총회로 구분하며, 보존회장이 이를 소집한다.
2. 정기총회는 2월 중에 소집하며, 임시총회는 보존회장이 필요하다고 인정할 때에 소집한다.
3. 총회의 소집은 보존회장이 회의 안건, 일시, 장소 등을 명기하여 회의 개시 7일전까지 문서(전자문서 및 전자거래기본법에 의한 전자문서를 포함한다. 이하 같다.) 등으로 각 회원에게 통지하여야 한다.
4. 총회는 제3항의 통지사항에 한해서만 의결할 수 있다.

어머니 엄옥자선생님과 저자 박성호·변지연이 국립국악원 공연에서 함께 통영살풀이춤을.

통영 살풀이춤 실전 입문

초판1쇄 발행 2019년 2월 15일

지은이 박성호·변지연
펴낸이 이길안
펴낸곳 세종출판사

주소 부산광역시 중구 흑교로 71번길 12 (보수동2가)
전화 463-5898, 253-2213~5
팩스 248-4880
전자우편 sjpl@chol.com
출판등록 제02-01-96

ISBN 979-11-5979-278-6 93680

정가 17,000원

이 책은 저작권법에 따라 보호받는 저작물이므로 무단전재와
무단복제를 금지하며, 이 책 내용의 전부 또는 일부 내용을 재사용하려면
사전에 저작권자의 동의를 받아야 합니다.

* 잘못된 책은 교환해 드립니다.